上海公路桥梁（集团）有限公司　组织编写

沥青路面智能压实关键技术

曹亚东　编著
黄宝山　主审

人民交通出版社

北京

内 容 提 要

本书围绕沥青路面智能压实关键技术，对沥青混合料马歇尔设计方法的合理击实次数进行了优化改进，采用室内旋转与振动组合成型方法来模拟现场压实作用机理，基于YADE的开源离散元方法(DEM)代码研究沥青混合料的压实过程特性，并结合现场实践提出了评估沥青混合料压实空间均匀性及稳定性方法。主要内容包括：沥青混合料压实技术、沥青混合料马歇尔冲击压实嵌锁点判定方法、模拟振动压路机作用机理的室内组合成型方法、基于离散元的沥青混合料压实特性研究、沥青路面智能压实测量值的地质统计学分析、智能颗粒在沥青路面智能压实中的应用研究以及典型工程实践。

本书可供沥青路面设计、建设和管理养护人员参考使用，也可作为高等院校相关专业师生的教学参考书。

图书在版编目(CIP)数据

沥青路面智能压实关键技术 / 曹亚东编著 .—北京：人民交通出版社股份有限公司, 2024.10. —ISBN 978-7-114-19700-0

Ⅰ. U416.217-39

中国国家版本馆CIP数据核字第2024MQ0292号

Liqing Lumian Zhineng Yashi Guanjian Jishu

| 书　　名：沥青路面智能压实关键技术
| 著 作 者：曹亚东
| 责任编辑：黎小东
| 责任校对：赵媛媛　魏佳宁
| 责任印制：刘高彤
| 出版发行：人民交通出版社
| 地　　址：(100011)北京市朝阳区安定门外外馆斜街3号
| 网　　址：http://www.ccpcl.com.cn
| 销售电话：(010)85285857
| 总 经 销：人民交通出版社发行部
| 经　　销：各地新华书店
| 印　　刷：北京印匠彩色印刷有限公司
| 开　　本：710×1000　1/16
| 印　　张：11.25
| 字　　数：210千
| 版　　次：2024年10月　第1版
| 印　　次：2024年10月　第1次印刷
| 书　　号：ISBN 978-7-114-19700-0
| 定　　价：90.00元

(有印刷、装订质量问题的图书，由本社负责调换)

序

  截至2022年底,我国公路总里程达到535万公里,10年增长112万公里,其中高速公路通车里程17.7万公里,稳居世界第一。普通国道二级及以上占比、铺装路面占比达到80%和99%,较10年前分别提高约10%和13%,路网结构进一步优化。未来5~10年,推动公路建设高质量发展,交通运输部将坚持"六个着力"。其中着力强调了促转型,推动公路数字化绿色化融合化转型发展。针对公路数字化转型,在智慧施工方面,提出应大力促进基于数字化的施工建造方式和工程管理模式变革。

  公路从传统基于人工经验的施工方式升级到基于数字化的施工方式,实现沥青路面智能施工是其中重要一环。沥青路面压实事关道路的使用品质与寿命,是材料设计、施工过程中质量控制的关键环节。现行沥青路面质量控制以工后钻芯取样检测压实度为主,属于工后"点控制"的方法,该方法应用的局限性是显而易见的。如何实时监测、反馈并动态控制施工过程中沥青路面压实质量变化成了制约行业高质量发展的技术难题。

  近年来,随着无人驾驶技术的兴起,沥青路面无人驾驶摊铺、压实技术应用发展迅速,道路施工设备无人化方面的研发已经较为成熟。2019年,上海公路桥梁(集团)有限公司在上海市闵行区朱建路实施了国内首个沥青路面无人驾驶摊铺、压实示范工程。紧跟其后,各地陆续实施了不同应用场景下的示范工程。然而,严格来讲,目前沥青路面无人驾驶摊铺、压实仍处于数字化施工阶段,对现场施工人员经验依赖性很强。压路机碾压路径现行规范无具体要求,实际依据经验制定工作路径。尚无法根据施工过程质量进行压路机路径动态优化,亦缺乏实时有效表征压实质量的控制指标。

  本书旨在探索解决上述问题的方法。沥青路面智能压实关键技术的研究,需借助其他相关学科的发展进步,特别是数字图像处理技术的发展及其在道路学科中的应用,使我们有可能对混合料及压实设备的动态响应、混合料试件的三维重构等进行更为深刻的解析。同时,应用基于YADE的开源离散元方法(DEM)代码研究沥青混合料的压实过程,探讨不同压实方式和压实参数对压实效果的影响,为研究沥青混合料的压实特性提供了一种新的思路。此外,采用地质统计分析方法评估沥青路面的压实质量,能够评估空间压实均匀性并在压实过程中识别薄弱位置。

  本书紧密跟踪国际研究前沿,经多年的研究与实践,取得了若干成果,包括:沥青混合料马歇尔冲击压实嵌锁点判定方法、模拟振动压路机作用机理的室内组合成型方法、基于离散元的沥青混合料压实特性研究、沥青路面智能压实测量值的地质统计学分析以及智能颗粒在沥青路面智能压实中的应用研究。本书侧重理论探索与工程应用相结合,结果对指导实践具有重要参考价值。沥青路面智能压实是一个新的研究领域,研究难度大,该方面的研究从理论到实践还有很长的路要走,但已有了一个良好的开端,假以时日,将会取得更大的突破。

2024年6月18日

前　言

随着交通强国战略的推进，先进信息技术赋能交通基础设施建设已成趋势，我国交通基础设施建造正朝着数字化、网联化、智能化方向快速发展。近年来，基于压路机振动信号来检验与控制路面压实质量的智能压实技术成为国内研究的热点。智能压实技术在国际上被誉为压实技术二代革命，最早可追溯到20世纪70年代，其中欧洲国家最先取得进展。21世纪初，美国联邦公路局提出了推广智能压实技术的战略，大力推进土基、路面压实设备的智能化进程。然而，已有研究提出的压实表征指标或者模型大多仅局限于土路基应用，沥青路面智能压实技术相关应用研究仍处于初步探索阶段。

上海隧道工程股份有限公司下属上海公路桥梁（集团）有限公司（以下简称"上海路桥"）一直致力于沥青路面施工领域数字化、智能化相关研究。2016年起，上海路桥积极与三一重工股份有限公司、上海北斗卫星导航平台有限公司等企业及有关高等院校紧密合作，围绕沥青路面数字化施工开展技术创新，将数字转型融入企业发展。2017年，在虹梅路高架率先采用了数字化施工技术。2019年，在朱建路进行了国内首次沥青路面的无人摊铺压实施工。在2020年实施的崇明生态大道新建工程和2023年实施的沪嘉高速大修工程中，实现了无人摊铺机、压路机集群作业。2024年，在北横通道新建工程东段完成了国内首次地下长隧道沥青铺面的无人施工，提高了施工质量，提升了管控效率。从多样场景工程应用中，上海路桥积累了大量沥青路面智能摊铺压实相关的实践经验。在此基础上，作者团队提炼了其中关键的创新性技术并整理成书，供广大从业者一起交流探讨。

本书为了尽量做到理论与实践交融、深入浅出，编入了科研与工程实例。全书围绕沥青路面压实过程中集料运动及力学行为等特征，借助先进传感测量技术，结合离散元模拟方法以及地质统计学方法等，系统地对智能压实关键技术进行了研究与应用探索。本书内容分为8章:第1章为绪论,主要阐述研究背景及要解决的关键技术问题;第2章简要介绍了沥青混合料压实技术;第3~7章为科研实例,主要解决传统室内成型压实过程表征及室内成型设备模拟优化问题、压实过程离散元软件模拟问题、现场压实均匀性及稳定性评价问题;第8章为典型工程实践,全面展示研究成果应用实例。

本书由上海公路桥梁(集团)有限公司组织编写,曹亚东领衔,陆青清策划。编写分工如下:前言,曹亚东;第1~4章,曹亚东、程志强;第5章,陈敬松、陆青清;第6章,胡伟、陆青清;第7章,程志强;第8章,蒋海里、蔡明、乐海淳、王伟、柴冲冲、周玥;参考文献,于晓晓。全书由曹亚东、程志强统稿,黄宝山审核定稿。

本书的编写得到了美国田纳西大学黄宝山教授的悉心指导,也得到了人民交通出版社的大力帮助,在此深表感谢。在本书编写过程中,参考、引用了国内外许多单位和专家的成果资料。同济大学博士研究生贺俊玺、上海海事大学硕士研究生邹振扬等为插图绘制、录排和校稿付出了辛勤劳动,在此一并表示感谢。全书初稿完成后,东南大学董侨教授、中南大学吴昊教授、浙江大学罗雪教授、同济大学严宇教授、长沙理工大学于华南教授以及北京建筑大学韩秉烨副教授审阅全稿并提出了宝贵意见,郑健龙院士还在百忙中为本书作序,在此致以诚挚谢意。

沥青路面智能压实关键技术研究是目前该领域研究的热点和难点,是一个新兴的研究方向,不少问题仍亟待解决。现有的研究成果以理论探索为主,离解决实际工程问题还有较长的一段路要走。同时,由于作者水平有限,书中的疏漏和不当之处在所难免,恳请各位专家、学者和读者不吝指正。

曹亚东
2024年6月于上海

目 录

第1章 绪论 …………………………………………………………………1

1.1 研究背景 ……………………………………………………………1
1.2 智能压实技术现存问题 ……………………………………………5

第2章 沥青混合料压实技术 ………………………………………………7

2.1 概述 …………………………………………………………………7
   2.1.1 沥青混合料压实力学模型 …………………………………11
   2.1.2 沥青混合料压实机理分析 …………………………………12
2.2 沥青混合料压实特性表征及力学模型 …………………………15
   2.2.1 传统压实特性指标 …………………………………………15
   2.2.2 嵌锁点概念 …………………………………………………18
   2.2.3 断层扫描及三维重构技术 …………………………………18
   2.2.4 地质统计学分析方法 ………………………………………20
2.3 沥青混合料智能压实技术 ………………………………………22
   2.3.1 沥青混合料智能压实应用现状 ……………………………22
   2.3.2 路面智能压实评价方法 ……………………………………23
   2.3.3 信号滤波去噪方法 …………………………………………24
   2.3.4 离散元模拟方法 ……………………………………………31
   2.3.5 智能颗粒的应用现状 ………………………………………33

第3章 沥青混合料马歇尔冲击压实嵌锁点判定方法 ………………37

3.1 试验测试方法 ……………………………………………………39
   3.1.1 原材料 ………………………………………………………39
   3.1.2 试验设备 ……………………………………………………41
   3.1.3 嵌锁点判别方法 ……………………………………………44

3.2 测试结果 ·· 47
　　3.2.1 基层沥青混合料(美国田纳西州) ··············· 47
　　3.2.2 面层沥青混合料(美国田纳西州) ··············· 48
　　3.2.3 SMA沥青混合料(美国田纳西州) ··············· 49
　　3.2.4 马歇尔击实试验(中国上海) ·· 52
3.3 结果分析及讨论 ·· 54
3.4 小结 ·· 55

第4章　模拟振动压路机作用机理的室内组合成型方法 ·········57

4.1 材料、设备和试验方法 ·· 58
　　4.1.1 材料 ·· 58
　　4.1.2 振动压实设备及参数 ···································· 60
　　4.1.3 组合成型设备改造方案 ································ 63
　　4.1.4 改造设备试验参数取值 ································ 65
　　4.1.5 现场施工过程模拟 ······································· 67
　　4.1.6 三维扫描分析 ·· 69
4.2 结果分析及讨论 ·· 73
　　4.2.1 现场芯样空隙分布特征 ································ 73
　　4.2.2 室内成型试件空隙分布特征 ························· 76
　　4.2.3 数值统计分析 ·· 82
　　4.2.4 存在问题及讨论 ··· 83
4.3 小结 ·· 83

第5章　基于离散元的沥青混合料压实特性研究 ·········85

5.1 离散元模型参数的确定 ·· 85
5.2 沥青混合料压实方法和离散元模拟 ······························· 88
　　5.2.1 Superpave旋转压实与离散元模拟 ················· 89
　　5.2.2 振动压实与离散元模拟 ································ 90
　　5.2.3 轮载揉捏压实与离散元模拟 ························· 91
5.3 试验与数值模拟结果 ·· 92
　　5.3.1 Superpave旋转压实 ····································· 92

5.3.2　振动压实 ………………………………………………… 93
　　5.3.3　轮载揉捏压实 …………………………………………… 96
　5.4　小结 ……………………………………………………………… 98

第6章　沥青路面智能压实测量值的地质统计学分析 ……………… 100
　6.1　沥青路面施工 …………………………………………………… 100
　6.2　沥青路面修复 …………………………………………………… 104
　6.3　小结 ……………………………………………………………… 107

第7章　智能颗粒在沥青路面智能压实中的应用研究 ……………… 109
　7.1　研究目标及内容 ………………………………………………… 110
　7.2　材料和试验方法 ………………………………………………… 111
　　7.2.1　材料及设备 ………………………………………………… 111
　　7.2.2　坐标系转换 ………………………………………………… 115
　　7.2.3　室内和现场试验 …………………………………………… 116
　　7.2.4　嵌锁点判定方法 …………………………………………… 117
　　7.2.5　传统嵌锁点判定方法 ……………………………………… 119
　7.3　结果分析及讨论 ………………………………………………… 120
　　7.3.1　应力测试值 ………………………………………………… 120
　　7.3.2　加速度测试值 ……………………………………………… 124
　　7.3.3　旋转角测试值 ……………………………………………… 126
　　7.3.4　嵌锁点判定 ………………………………………………… 128
　　7.3.5　现场测试数据 ……………………………………………… 132
　7.4　小结 ……………………………………………………………… 141

第8章　典型工程实践 …………………………………………………… 143
　8.1　崇明生态大道新建工程 ………………………………………… 143
　　8.1.1　试验段概况 ………………………………………………… 143
　　8.1.2　施工过程控制 ……………………………………………… 143
　　8.1.3　应用效果 …………………………………………………… 146

8.2 G15沈海高速公路嘉浏段拓宽改建工程 ································ 146
　8.2.1 试验段概况 ··· 146
　8.2.2 施工过程控制 ··· 147
　8.2.3 应用效果 ··· 151
8.3 G228公路新建工程 ·· 152
　8.3.1 试验段概况 ··· 152
　8.3.2 施工过程控制 ··· 152
　8.3.3 应用效果 ··· 153
8.4 上海虹梅南路—金海路通道（虹梅南路段） ···························· 156
　8.4.1 试验段概况 ··· 156
　8.4.2 施工过程控制 ··· 156
8.5 小结 ·· 159

参考文献 ·· 160

第1章 绪 论

1.1 研究背景

路面压实事关道路的使用品质与寿命,是材料设计、施工过程中质量控制的关键环节。填筑材料的压实质量与其空隙含量以及骨架结构密切相关。合理的空隙率以及压实骨架结构能够提升路面使用寿命,并发挥最大的路用性能。目前,压实质量管理仍以事后检验为主,难以实时了解压实状况并进行过程控制。传统的压实质量检测是以灌砂法、核子密度仪法、落锤式弯沉仪法、钻芯法、承载板法等得到的压实度指标进行事后点式抽检及评定,这导致施工时难以保证压实质量的均匀性,存在漏压、欠压或过压的可能。寻找合理的压实质量控制指标也成为制约智能连续压实技术发展的重要因素。鉴于此,为了解决传统压实与检测方法存在的问题,有必要建立一种能够在路面压实时进行全面、快速、连续、高精度的压实质量评价方法。

随着交通强国战略的推进,先进信息技术赋能交通基础设施建设已成为趋势,我国交通基础设施建设正朝着数字化、网联化、智能化方向快速发展。在此背景下,出现了基于压路机振动信号来检验与控制路面压实质量的智能压实技术。该技术结合了定位技术、压实质量评定技术、传感技术等现代技术,能够在压实过程中提供实时压实质量信息,辅助压路机操作人员进行压实作业,从而有效提高压实作业施工质量。智能压实技术提出后,在国际上迅速掀起研究热潮,被誉为压实技术二代革命。该技术最早可追溯到20世纪70年代,其中欧洲国家最先取得进展,彼时称之为连续压实控制。Thurner和Sandstrom发现了压路机振动轮振动信号的谐波比随压实进程而变化的规律,这一发现掀起了智能压实技术的研究热潮。20世纪80年代,德国BOMAG公司以描述振动轮振动能量传递的Omega值作为评价指标,并引入了测量系统,形成了连续压实控制概念的雏形。20世纪90年代,瑞士Ammann公司基于振动轮压实过程的动力学模型,提出了用于描述压实体刚度的指标K_s。21世纪初,美国联邦公路局提出了推广智能压实技术的战略,大力推进土基、路面压实设备的智能化进程。

然而,既有压实质量评价研究主要依赖经验以及体积参数对沥青混合料压实质量进行判断,忽略了压实成型过程中的力学机制,使得对于压实质量评价指标的认识无法统一。因此,探究压实过程中骨架结构的演化规律以及判别相应合理的结构状态,实现连续监测和实时反馈压实状态的智能压实逐渐引起关注,成为研究热点。

此外,沥青混合料压实贯穿室内配合比设计阶段、现场摊铺压实阶段以及路面开放交通运营阶段。在室内和现场不同压实设备作用下,沥青混合料经过揉搓、冲击或振动等作用激励,集料颗粒的骨架逐步形成,并达到一个稳定状态,满足不同阶段的材料强度要求,即压实是一个外部击实功与混合料内部抗力(如集料咬合力、摩擦力和沥青胶体黏结力)达到平衡的过程。沥青混合料配合比设计的目的是合理分配各原材料比例,从而使混合料达到设计需要的各项路用性能。压实方式和压实标准对配合比设计结果具有显著影响。目前,美国广泛采用的高性能沥青路面(Superpave)设计方法不仅定义了设计压实次数,还定义了初始压实次数与最大压实次数。通过控制不同压实次数下试件空隙率,达到控制整个压实过程的目的。国内常用的马歇尔设计方法仅规定了试件成型的压实次数。然而,基于压实次数的设计规定,不仅容易对易压实的混合料造成过度压实(过压),而且容易使不易压实的混合料无法达到密实状态(欠压),阻碍沥青混合料达到合理的受力结构。欠压将使沥青混合料密度降低、空隙率增大、强度降低,从而导致沥青路面更加容易遭受水损害以及其他病害的影响。而过压则会使粗集料受到施工损伤,且每增加1%的空隙率将会导致路面寿命降低约10%。所以,过压或者欠压都会导致对沥青混合料的路用性能的评价产生偏差。因此,了解压实过程中沥青混合料结构的演化过程,以及基于压实特性的沥青混合料结构稳定表征方法,对优化沥青混合料配合比设计及现场摊铺压实质量控制都具有重要指导意义。

室内成型试验中,基于Superpave设计方法提出的嵌锁点(Locking Point)概念是一种表征沥青混合料结构稳定状态的指标。如图1.1所示,在嵌锁状态以前,外界压实功的输入能够有效地增加沥青混合料的密度或压实度。当超过嵌锁状态后,沥青混合料的密度或压实度随外界压实功的增加变化不明显,相反,集料破损的风险会增加。嵌锁点的提出与应用对沥青混合料的压实有着重要的意义。研究表明,嵌锁点是可以测定的,这为利用该概念指标指导混合料配合比设计提供了可能。另外,在施工过程中,实时判定沥青混合料的嵌锁点,可为压实过程质量控制提供重要参考。但是,采用旋转压实成型方法确定沥青混合料的嵌锁状态可能存在不足,主要表现为两点:①压实过程中仅为拟静力加载(包含竖向压力与旋转剪切作用),无法模拟现场振动压路机振动作用,导致忽略了振动对混合料骨架密实度的增强效果;②旋转压实嵌锁点判别方法目前都是基于压实过程中试件高度的变化而确定的,由于力学意义不明确,尚无统一的判别方法,也无法应用于沥青混合料配合比设计。因此,对传统的旋转压实仪进行改进,使之能够在压实过程中产生振动与剪切的组合作用,从而能够有效模拟现场实际振动压实过程,是深入认识沥青混合料的压实特性的必行之路。

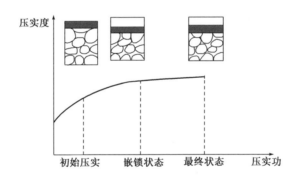

图1.1 旋转压实密实曲线

为了将嵌锁点这一评价沥青混合料压实状态的概念融入我国普遍采用的马歇尔设计方法中,需要适用于锤击成型特点的嵌锁点判别方法和基于激励-响应特性的嵌锁点表征方法。沥青混合料在压实过程中的激励主要是指在压实过程中外界压实功的动态输入,与之对应的响应为压实体系的动力学反馈,研究中采用加速度表征。采用激励-响应特性能够较好地反映压实过程中沥青混合料结构特性的主要原因:①锤击成型的压实功输入模式为冲击式输入,在外界条件恒定的情况下,落锤的动态响应仅与被压实沥青混合料的劲度模量有关,采用基于激励-响应特性的变量可以较好地表征压实过程中沥青混合料劲度特性的变化情况;②通过分析沥青混合料劲度模量预估公式中的参数可知,除了温度与加载频率,劲度模量的主要影响因素为沥青混合料体积特性参数、沥青性能、级配等。

因此,劲度模量实际上是表征沥青混合料组成结构的综合性指标,采用落锤的动态响应可以与沥青混合料组成结构建立较好的相关关系。Polaczyk等在美国马歇尔击实仪的落锤上安装加速度传感器,用来记录冲击压实过程中的动态响应数据。通过观察比较每次冲击过程的加速度脉冲信号形状(包括加速度峰值与持续时间),初步定义了马歇尔击实过程的嵌锁点。当加速度脉冲信号达到稳定时,该时刻对应的击实次数即为冲击压实嵌锁点。但是,该方法通过人为对比每次冲击的加速度脉冲信号,数据处理成本较高,信号噪声以及人为截取误差等因素都会影响判断结果的准确性与稳定性,后续研究仍有改进空间。

现场路面摊铺压实过程中,识别沥青混合料的嵌锁状态对施工质量控制具有重要的理论意义。松散的沥青混合料在不同压路机振动、剪切等综合作用下嵌锁,形成稳定的骨架结构。根据Superpave设计方法,沥青混合料在压实过程中所经历的主要阶段为:初始压实阶段、有效压实阶段和后压实阶段。有效压实阶段与后压实阶段之间的分界点被定义为嵌锁点。而现场压实度的测定结果表明,沥青混合料经压实后的初始空隙率一般在7%左右,这一空隙率会在交通荷载作用下进一步下降至4%左右。也就是说,现场摊铺压实后的沥青混合料并未完全达到室内试验嵌锁状态,车辆荷载将在开放交通后对路面骨架进一步密实,达到完全嵌锁状态,如图1.2所示。

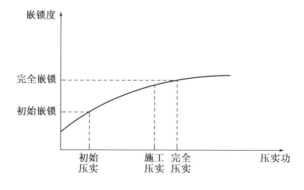

图1.2 沥青混合料嵌锁过程

综上,沥青混合料嵌锁状态识别方法尚未形成统一观点,且现有室内成型方式还不能很好地模拟现场振动压路机压实过程。智能压实技术的理论与工程实践表明,表征沥青混合料在不同状态下的压实特性参数仍未形成一致意见。同时,室内试验研究发现,沥青混合料处于不同压实状态时的激励-响应有显著差别。随着压实功的增加,压实体系的激励-响应曲线将趋于达到一个稳定平台状态。因此,通过研究压实体系激励-响应曲线的变化特征,将有助于从动力学角度来表征嵌锁点,为智能压实提供另一种技术思考。

1.2 智能压实技术现存问题

智能压实技术在我国正日益受到重视,但目前压实质量控制主要依赖事后检验,这限制了实时监控压实状况和进行过程中调整的能力。传统的压实质量检测通常采用压实度指标,在施工后进行点式抽样检测和评估,这种方法难以确保压实质量的均匀性,容易导致漏压、欠压或过压的问题。因此,探索合理的压实质量控制指标已成为推动智能压实技术发展的瓶颈。室内试验及现场压实特性表征仍存在以下需继续研究的问题:①传统室内马歇尔击实方法,以固定次数双面击实,无法实时监测压实过程动态响应特征;②旋转压实过程中仅能模拟现场胶轮压路机的揉搓效果,无法更好地模拟现场振动压路机的振动加揉搓作用;③尚无高效、准确的微观仿真方法可以模拟沥青混合料的压实过程,明晰沥青混合料压实过程中的微观结构演化特征;④旋转压实嵌锁点判别方法主要基于压实过程中试件高度的变化,力学意义并不明确,且尚未形成共识;⑤用于沥青路面压实质量分析的单变量统计不能很好地评估空间均匀性问题,缺乏对振幅、谐振计值等重要相关指标的深入分析;⑥无论是基于密度还是基于模量的压实控制,含水率的影响特征尚未明确,更缺乏室内试验与现场压实过程的对比研究。

本书围绕路面压实过程中粒料运动及力学行为等特征演化的问题,通过选取加速度传感器、颗粒级智能传感器,结合离散元方法(Discrete Element Method, DEM)、沥青混合料组合成型方法以及地质统计学方法,系统实现了路面的压实质量评估和压实效果智能评价。主要研究内容如下:

(1)基于沥青混合料压实系统的动态激励-响应特征,在马歇尔击实仪上安装加速度传感器,分析压实过程混合料的动态响应,优化冲击压实过程嵌锁点识别方法。

(2)研发振动旋转压实组合成型设备与方法,模拟现场摊铺压实过程。通过3D扫描及三维重构技术,分析比对不同成型条件下试件与现场芯样的空隙率分布以及集料定向排列分布等参数,验证新设备与方法的有效性及实用性。

(3)基于黏弹性接触法及动态模量试验结果非线性回归分析所获参数,采用自主二次开发DEM代码模拟三种压实方法:Superpave旋转压实、振动压实和揉捏压实。

(4)采用地质统计学对智能压实测量值(IC Measurement Values,ICMV)进行分析评估,深入分析包括振幅、谐振计值(RMV)、压路机滚筒测量深度在内的各种因素,提出通过对数据进行正态分数变换(NST)、比较不同层之间空间均匀性等详细程序来过滤其影响。

(5)引入智能颗粒传感器技术,采集室内不同压实方式下沥青混合料内部加速度、应力、运动姿态及温度等数据。分析颗粒细观参数与沥青混合料骨架形成之间的对应联系,提出新的指标来表征其压实特性。通过对智能颗粒进行施工现场测试,验证新指标对现场摊铺压实质量控制的可行性。

第2章 沥青混合料压实技术

2.1 概述

1865年,沥青混合料最先被用于美国的人行道和人行横道。早期的沥青混合料并没有真正科学的设计方法。直到20世纪初,沥青混合料设计开始出现,目的是确定沥青用量、粗集料以及细集料的最佳配合比,从而实现材料良好路用性能与耐久性。最早确定沥青混合料沥青含量的试验是轻拍试验,这种试验结果主要依赖经验,并不精确。但是,对于最早的沥青混合料设计者而言,它在质量和性能方面已取得了很大的进步。大约在同一时间,Federick Warren开发了一种掺入最大粒径为7.62cm的碎石沥青混凝土路面,并申请了专利,从而降低了沥青消耗量和成本。针对细级配沥青混合料,一种Hubbard现场试验方法在美国许多州的沥青混合料设计中广泛流行,直到被维姆设计方法和马歇尔设计方法取代。20世纪30年代,维姆设计方法和马歇尔设计方法在世界路面摊铺行业里占据了50多年的主导地位。

维姆设计方法主要基于以下3个原则:①沥青混合料需要足够的沥青,以满足最佳沥青膜厚裹覆每颗集料;②沥青混合料需要足够的稳定性来承载交通荷载;③随着沥青膜厚度的增加,其耐久性也相应增加。直到1990年,维姆设计方法在美国25%的州得到推广应用,特别是在美国西海岸地区。1939年前后,Bruce Marshal提出了马歇尔设计方法,并由美国陆军工程兵团改进。该设计方法使用流值、稳定度和密度等体积指标来确定最佳沥青含量。在美国,马歇尔设计方法是沥青混合料设计最广泛采用的方法(占美国所有州的75%),1990年后才逐渐被Superpave设计方法所取代。

20世纪70年代以来,我国也开始应用马歇尔设计方法作为材料配合比设计、材料试验和路面施工、验收的标准方法,并一直沿用至今。马歇尔设计方法得到的试件密度与设计年限内交通荷载作用下路面的密度相等,故压实功应随着交通荷载的发展而变化。20世纪80年代初,针对逐渐增加的交通量,我国将马歇尔双面击实50次调整为75次。然而,随着80年代后交通量与施工工艺的发展,以及工程实践的深入,超载、重载等问题日益严重,马歇尔击实仪的压实功不够,单纯靠增加击实次数并不能有效提高压实效果,甚至会造成石料破碎等现象。马歇尔设计方法已开始落后于生产实际,沥青路面出现了如车辙、泛油、松散及水损害等早期破坏,加速了路面性能的衰减,降低了路面的使用寿命。马歇尔设计方法的局限性主要体现为4点:①交通量、道路等级等在设计中未明确区分;②未考虑沥青路面早期破坏及其他路用性能指标;③击实成型方式不能很好模拟现场压路机作用机理;④该方法仅适用于普通连续级配沥青混合料设计。为克服传统马歇尔设计方法的不足,研究人员对于新的沥青混合料设计方法展开了大量研究。

1987—1992年,美国公路战略研究计划(SHRP)花费1.5亿美元开发了Superpave设计方法。由于所有现有的沥青混合料设计方法都是基于观察和试验的经验方法,因此,Superpave设计方法被寄希望于能设计出性能可预测的沥青混合料。该计划的研究主题包括交通量增长速度、长期和短期老化、气候影响,以及生产、施工和运营阶段的各种温度等。Superpave设计方法在试验设备中引入了两项关键创新:①旋转压实仪,比马歇尔击实锤更有效地模拟压实过程;②直径6in(1in=0.0254m)的新模具,与马歇尔设计方法直径4in模具相比,适用大粒径(最大公称粒径26.5mm以上)沥青混合料配合比设计。自1990年以来,Superpave设计方法已在美国占据一席之地,并在世界其他地方进行推广应用。相比马歇尔击实仪,旋转压实仪可以更好地模拟路面施工及开放交通状态下车轮碾压的作用力,更接近路面实际压实过程,压实度可以达到最大理论密度的98%以上。但是,旋转压实仪设备价格昂贵,通常需要4万美元左右,短期内难以实现在设计和施工单位中广泛应用。另外,研究与工程实际应用发现,由于Superpave设计方法中室内旋转压实功偏高,沥青用量偏少,导致同样压实过程中,实验室混合料出现过压,而现场混合料欠压。因此,仍需进一步研究沥青混合料设计方法。

沥青混合料压实是通过施加各种类型的外力(例如静力或动力荷载,不同频率、振幅以及模式)提高沥青混合料密实度的过程,是沥青混合料设计和施工过程中的重要环节。沥青混合料在压实过程中,克服松散多相材料中颗粒间摩擦力以及沥青黏着力,排除空气与水分,颗粒间发生平移与旋转,从非常松散的状态变成更为密实的黏合体。相互接触的颗粒间会形成稳定的网络,内部骨架结构决定了最终沥青混合料的体积特征,并对混合料力学行为产生较大影响。

良好的压实方式与足够的压实功有助于沥青混合料内部形成合理的骨架结构,提高路面密实度与平整度、材料均匀性、体积,并能够保证路用性能满足设计要求。反之,不合理的压实方式与不稳定的压实功都将导致沥青混合料路用性能的降低。Brown指出,压实后的沥青混合料需要具有足够的空隙来避免塑性流动变形,过低的空隙率还会造成沥青混合料内部空隙无法满足高温条件下自由沥青的膨胀,从而导致车辙的产生;同时,空隙率不能过高,以避免水渗入路面。因此,沥青混合料的力学性质理论上是由配合比设计(例如级配、沥青黏合剂的类型和含量)决定的,并受压实方法和条件的影响。了解不同压实条件下颗粒运动的相互作用,特别是从细观尺度上,将有助于深入了解沥青混合料的结构形成机理,从而实现材料更好的路用性能。

现场压实方法主要有滚压、夯压与振压等。沥青路面主要采用滚压与振压的方式进行压实,压实设备一般有静力光轮压路机、轮胎压路机、单钢轮振动压路机和双钢轮振动压路机等,相互之间进行组合碾压。滚压采用一定重量的滚轮慢速滚过铺层,搓揉使压实材料产生剪应力,发生塑性变形,并随着静荷载作用的增加,压实材料达到稳定结构。因此,静力压实存在极限压实效果,无限制增大静荷载,可能无法达到压实效果,且会造成压实材料的结构破坏。另外,随深度增大,静压力衰减增快,压实作用主要集中在表层,容易产生虚压实现象。振动压实是通过振动压路机的往复作用,使被压实材料颗粒在振动冲击下,由静止到运动状态,颗粒间摩擦力减小,充分填充空隙,密实度增大。研究者们从现场压实温度(沥青混合料冷却规律)、压实时间、碾压工艺(包括机型、碾压遍数与方式等)以及摊铺机振捣等方面对路面压实影响因素进行了研究。

室内成型方法主要有轮碾压实、冲击压实、振动压实和旋转压实。目前,许多国家普遍采用的沥青混合料压实方法主要有马歇尔击实法与旋转压实法。两者基于不同的压实机制,通常会产生具有不同内部结构和工程特性的沥青混合料。马歇尔击实法采用冲击的方式压实沥青混合料,并建立击实次数与路面等级的相关性。我国规范主要采用马歇尔击实法成型沥青混合料进行配合比设计。在国际上,马歇尔击实法仍然是沥青混合料配合比设计的首选。随着沥青混合料试验研究的不断深入,出现了适用于大粒径沥青混合料的大型马歇尔击实法。

20世纪末期,SHRP的重要成果之一Superpave设计方法中室内压实采用Superpave旋转压实法(Superpave Gyratory Compaction)完成。在Superpave旋转压实中,为了更好地模拟现场压实效果,通过旋转作用同时对沥青混合料施加水平剪切和竖向压实作用,并根据路面等级确定旋转次数。旋转压实仪的发展经历了几个阶段。早期旋转压实仪是通过操作者的经验,人工调节和手动操作完成,效率低,成型试件质量不稳定,代表产品如美国得克萨斯旋转压实仪。20世纪中期以后,随着专用计量器具的发展和机械加工工艺的日趋先进,旋转压实仪的设计和制造有了突破,代表产品有美国工程师兵团研制的旋转剪切压实仪、法国研制的LCPC旋转压实仪等。这个时期旋转压实仪的垂直应力、旋转角及频率已经可以通过计算机控制调节、设定,效率及成型试件的质量得到很大改善。SHRP的研究者们考虑到沥青混合料试件制作的目的和效果应该达到满足不同气候及荷载条件下的密实度,具备容纳大尺寸集料的能力,以及提供可压实性的量测方法,达到支持沥青混合料拌和楼的质量控制及质量保证要求、弥补市场空白。在美国得克萨斯旋转压实仪和法国LCPC旋转压实仪的基础上,最终开发、研制出符合高性能沥青路面Superpave设计方法的旋转压实仪,区别于美国工程兵团的旋转剪切压实仪和法国LCPC旋转压实仪。

研究者针对当前的室内成型方法与现场压实方法的相关性开展了广泛的研究。Von Quintus等通过对比不同成型方式下室内试件与现场钻芯试样之间的机械性能(例如内聚值、弹性模量和25℃的间接拉伸强度)发现,相比马歇尔击实、振动压实以及其他压实方式,Superpave旋转压实结果与现场钻芯试样最为接近,更能模拟现场压实的应力状态。尽管对比室内试验压实方法发现Superpave旋转压实法与现场压实作用最为吻合,并且使用最为广泛,但是研究结果指出,Superpave旋转压实试件与现场芯样的力学性能之间仍有一定差异,这可能是由于室内试验与现场压实的不同压实机理导致的。

上述研究表明,目前仍然缺乏从颗粒细观角度对压实过程中材料响应的基本了解(即颗粒材料如何响应不同类型的压实运动),这一直是现有沥青混合料压实领域的主要知识空白,获取这些领域的知识可能有助于加深对压实机理的理解,开发或改进路面压实和质量控制的新方法,并能够用来指导改进室内压实方法,以实现更可靠的基于实验室的沥青混合料研究和混合料配合比设计。

2.1.1 沥青混合料压实力学模型

基于振动理论,建立压实体系的动力模型。设沥青混合料在外界压实功作用下的密实过程主要分为三个部分组成:黏弹性变形部分(延迟变形)、弹性变形、塑性变形。其中:

黏弹性变形部分由如下控制方程确定:

$$\sigma_v = \varepsilon_v K_v + \dot{\varepsilon}_v \eta_v \tag{2.1}$$

弹性变形为卸载瞬间可以恢复的变形部分,可以由如下控制方程确定:

$$\varepsilon_e = \frac{\sigma_e}{K_e} \tag{2.2}$$

塑性变形部分由如下控制方程确定:

$$\sigma_p = \dot{\varepsilon}_p \eta_p \tag{2.3}$$

式中:σ_v、σ_e、σ_p——压实应力;

ε_v、ε_e、ε_p——黏弹性、弹性与塑性应变;

K_v、η_v——黏弹性部分的系数;

K_e——弹性部分的系数;

η_p——塑性部分的系数。

上述三部分变形之和为沥青混合料在一次压实过程中的变形行为,可采用如下方程表示:

$$\varepsilon(t) = \varepsilon_v + \varepsilon_e + \varepsilon_p \tag{2.4}$$

通解形式为:

$$\varepsilon(t) = \left(\frac{1}{\eta_v}\int \sigma e^{\frac{K_v t}{\eta_v}} dt + C_1\right) e^{-\frac{K_v t}{\eta_v}} + \frac{\sigma}{K_e} + \frac{\int \sigma dt + C_2}{\eta_p} \tag{2.5}$$

式(2.5)可以通过定义边界条件来确定常数 C_1 和 C_2。相关黏弹性常数可以通过室内试验确定。

外界的输入激励与沥青混合料的压实变形可通过如下控制方程建立关系:

$$F = K_e \varepsilon_e = K_e(\varepsilon - \varepsilon_v - \varepsilon_p) \tag{2.6}$$

式中：F——压实过程中的外界激励；

其余参数意义同前。

振动压实中的激励过程可由式(2.7)表示：

$$F_{ec} = m_{ec} r_{ec} w_{ec}^2 \tag{2.7}$$

式中：F_{ec}——振激力；

$m_{ec} r_{ec}$——偏心质量块的弯矩；

w_{ec}——转动频率。

击实成型中激励过程的表达方式如下：

$$F_{iw} = f_1 + f_2 \cdot \delta(t) \tag{2.8}$$

式中：$\delta(t)$——狄拉克函数；

F_{iw}——压实过程中的激励输入荷载；

f_1——压实过程中作用于沥青混合料的恒定荷载；

f_2——落锤在压实过程中产生的脉冲荷载。

2.1.2 沥青混合料压实机理分析

2.1.2.1 马歇尔击实机理

马歇尔击实锤有两种：一种质量4.54kg，对应压实直径101.6mm的试件；另一种质量10.2kg，对应压实直径152.4mm的试件。两种落锤高度均为457mm。沥青混合料的成型方式为击实锤自由落体产生直接冲击而压实。更新的马歇尔击实仪在试件模具底部设置了旋转平台，每次击实试件都会产生90°旋转。试件击实次数是从工程经验中获得，主要还是基于沥青路面承受的压实过程及交通车辆荷载来确定。一般情况下，根据单位体积压实功相当原则，标准马歇尔试件双面击实各75次，而大型马歇尔试件双面击实各112次，计算公式如下：

$$\frac{m_1 g H N_1}{\pi D_1^2 h_1} = \frac{m_2 g H N_2}{\pi D_2^2 h_2} \tag{2.9}$$

式中：m_1——标准马歇尔击实锤质量(kg)；

N_1——标准马歇尔击实次数(次)；

D_1——标准马歇尔试件直径(mm);
h_1——标准马歇尔试件高度(mm);
m_2——大型马歇尔击实锤质量(kg);
N_2——大型马歇尔击实次数(次);
D_2——大型马歇尔试件直径(mm);
h_2——大型马歇尔试件高度(mm);
H——落锤高度,取457mm。

2.1.2.2 Superpave 旋转压实机理

SHRP采用旋转压实作为新一代的压实方法,主要考虑将混合料试件压实到在实际路面气候和荷载条件下所达到的密实状态;同时,压实设备能适应大尺寸集料,还要能测试可压实性,以便能识别不稳定的混合料性能以及类似的压实问题。

如图2.1所示,Superpave旋转压实工作基本原理是:试件在一个控制室中被缓慢地压实,试件运动的轴线如同一圆锥,它的顶点与试件顶部重合。旋转底座将试模定位于1.25°的旋转压实角,以30r/min的恒定速率旋转。压力加载头对试件实施600kPa的竖直压力。这样在材料倒入试模后同时受到竖向压力与水平剪力的作用,使集料颗粒定向形成骨架,此过程模拟了荷载对路面搓揉压实作用,用这种仪器成型的试件其体积特性、物理特性与现场钻芯取样的结果相关性好。

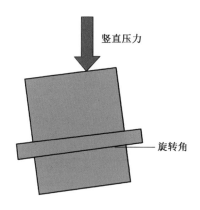

图2.1 旋转压实工作原理示意图

Superpave设计方法利用旋转压实仪成型试件,然后测试相应的体积参数,将设计空隙率控制在4%,在此设计空隙率下,对其他体积特性参数如矿料间隙率、沥青饱和度、胶粉比等参数进行控制,进而保证设计沥青混合料在施工和开放交通阶段能体现良好的密实特性。

在选择旋转压实试验方法的条款中有一潜在的前提,即材料特性参数不是来自压实机械,SHRP的主要目标是发展和验证材料的特性,试验方法是用来测量上述参数,其可被用来预测路用性能。由于在研制中没有考虑测试诸如抗剪强度等参数,因此,Superpave旋转压实并不能直接提供判定路面是否稳定所必需的应力和应变特征,这也是和旋转剪切压实、LCPC旋转压实的主要区别。

2.1.2.3 振动压实机理

振动压实的过程是钢轮压路机的偏心机构(图2.2)旋转产生的离心力迫使钢轮在地面上产生竖向运动,连续反复冲击土体直至密实。振动产生的压力波从土体表面向深处传播,土颗粒间动摩擦力减小,小的土颗粒填充到大的土颗粒的空隙中,促使体积不断压缩。关于土体振动压实理论主要有以下几种学说。

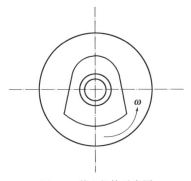

图2.2 偏心机构示意图

(1)土体共振学说。

根据物理学原理,当被压实土体的固有频率和压路机钢轮的振动频率一致时,振动压实能得到最佳效果。但是由于土的级配多种多样,物理特性不尽相同,固有频率是随机变化的,因此要使一机多用且达到较好的压实效果,振动钢轮的频率需要有一个无级调节范围,以适应不同固有频率的土体。

(2)重复冲击学说。

利用振动钢轮在土体上所产生的周期性压缩作用将土体压实。需要增大钢轮与土体接触前一瞬间的动量,这就要求振动钢轮具有较大振幅和较大参振质量。

(3)内摩擦减少学说。

土体的内摩擦因振动作用而急剧减少,使其剪切强度下降到只需要很小的负荷就能够进行压实。为此需要钢轮在振动过程中始终保持与土体接触,使土体的振动频率、振幅与振动钢轮的振动频率、振幅相同,就能得到较好的压实效果。在这种情况下,振动钢轮传递给土体的是振动能量,为使钢轮达到这样一种工作状态,就必须减小振幅使它不脱离地面。

(4)土体液化学说。

在振动波的作用下,土颗粒呈现高频受迫振动状态,土颗粒内部的黏聚力和摩擦力急剧下降,使之仿佛处于流动状态,此即称之为"液化现象"。液化现象使得土颗粒之间相互填充,并且由于受自身重力作用而向低势能方向流动,这就为压实创造了条件,为了使土体液化更加充分,就必须施加足够大的振动加速度。

以上四种学说从不同的角度解释了振动压实机理——土体共振学说从振动频率的角度,重复冲击学说从振幅的角度,内摩擦减少学说和土体液化学说从振动频率和振幅的综合角度。由此可见,振动频率和振幅是影响振动压路机压实能力的重要参数。这就对振动频率和振幅参数数值提出了要求,即振动频率要接近土颗粒的固有频率,振幅也并非越大越好,因为振幅偏大会使振动钢轮跳离地面,使得钢轮与土体的接触时间减少,影响压实效果,所以只有在振动频率和振幅同时满足要求时才能够达到理想的压实要求。

2.2 沥青混合料压实特性表征及力学模型

2.2.1 传统压实特性指标

在20世纪90年代初期,广泛使用的维姆设计方法和马歇尔设计方法并未提供评估沥青混合料压实过程特性的数据和方法。而随着Superpave设计方法的推广,旋转压实成型方式逐渐被接受并应用于沥青混合料配合比设计中。国外研究者通过分析旋转压实成型时得到的密实曲线(Densification Curve)特性,研究沥青混合料的施工和易性以及抗永久变形能力。其中,初始压实次数以及在初始压实次数时曲线斜率被认为可以评价沥青混合料的韧性与集料骨架的强度。Bahia等建议采用压实能量指数(CDI)与交通密实指数(TDI)评价沥青混合料的施工和易性与运营期间的路用性能。CDI表示将沥青混合料压实至压实度为92%所需的压实量,而TDI则表示路面在使用期间车辆荷载进一步压实至压实度为92%~98%所需的能量。CDI定义为8次旋转和压实度为92%曲线下的面积,也可以理解为压实度为88%~92%范围内密实曲线下的面积。TDI定义为压实度在92%~98%范围内密实曲线下的面积。在实践中,CDI代表压实沥青混合料所需的工作量,而TDI代表通过交通量将沥青混合料压实至压实度为98%。图2.3显示了根据密实曲线确定CDI和TDI的方法。此外,还建议在配合比设计时通过控制以上两个参数可以优化沥青混合料在摊铺与交通量方面的要求。Mallick发现采用压实次数比例(空隙率分别达到2%与5%时对应的压实次数之比)更加适用于评价沥青混合料性能。他认为,压实次数比例为4可以作为区别压实稳定的混合料与压实不稳定的混合料的界限,当压实次数比例小于4时,沥青混合料是不稳定的。

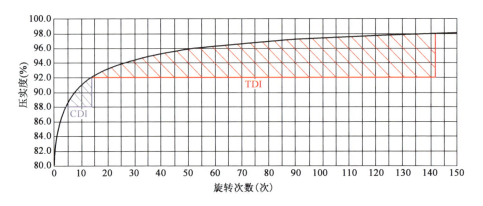

图2.3 CDI和TDI示意图

为了评价沥青混合料在压实过程中的集料骨架形成状态,研究者提出了嵌锁点的概念。通过判断旋转压实过程中试件高度随压实次数的变化情况,评价沥青混合料骨架结构的形成与发展。该部分内容将在下节展开进一步的介绍。除嵌锁点概念外,也有学者根据密实曲线确定的"密实斜率"评价沥青混合料的压实特性。Masad等学者运用旋转压实成型了直径6in、高2.5in的不同类型的沥青混合料试件,根据空隙率与对数压实次数的压实曲线计算了当目标空隙为8%时的压实曲线斜率。结果表明,该斜率值与现场压实指数(Compaction Index)具有较好的相关关系。斜率值越高,现场越容易压实。Leiva和West也发现基于旋转压实曲线得到的曲线斜率与沥青混合料现场压实具有一定的关联性,并采用多元回归方法得到了CDI、压实次数、压实曲线斜率,以及嵌锁点等指标与现场压实的关系。

除采用Superpave旋转压实法测定沥青混合料的压实特性外,旋转剪切试验设计方法也有指标用于测定沥青混合料的剪切稳定性能。旋转剪切试验设计方法定义了旋转压实过程中最大旋转角与最小旋转角的比(即旋转稳定度指数),该指数越大,表明沥青混合料在压实过程中越不稳定,越不容易形成稳定的嵌锁结构。基于旋转剪切的设计过程就是优化混合料配合比设计并使混合料最终能达到稳定结构。因此,旋转剪切试验设计方法的核心思想实际上也证实了嵌锁点的概念。而旋转剪切法应用范围有限,同时压实过程中也无法产生振动效果,因此也无法深入认识沥青混合料压实过程中骨架形成与演化过程。

在20世纪初,随着Superpave体积设计体系被介绍至我国,许多科研单位开始引入旋转压实仪,并基于旋转压实法评价沥青混合料的压实特性,得到了丰富的研究成果。李立寒等通过分析沥青混合料的旋转压实曲线,借助能量指数概念以及统计分析方法,探讨了材料组成(级配、沥青用量)及压实应力对沥青混合料体积参数和压实特性的影响。结果发现,沥青混合料压实特性的主要影响因素是细集料级配曲线范围和沥青用量。当压实应力增加时,间断级配沥青混合料的体积特征稳定性优于连续级配。张争奇等采用密实曲线斜率(旋转压实曲线的两个平均斜率k_1和k_2)和密实能量指数,研究了上述参数与沥青混合料材料组成(级配、沥青用量)及成型温度之间的关系。研究发现,中值级配的沥青混合料在施工过程中更易压实,随着油石比的增加,混合料的可压实性线性增加,存在一个温度区间使沥青混合料的可压实性能达到最好。袁迎捷等分析了旋转压实密实曲线的斜率后认为,性能优异的混合料,在混合料未形成结构之前,曲线斜率越大越好,表明混合料容易被压实;在混合料形成结构后,曲线斜率越小越好,表明混合料不容易被密实。同时对密实能量指数能否真实反映混合料的压实性能进行了讨论,并认为由于室内成型设备和现场摊铺、碾压设备的差异,以及密实曲线面积和能量之间的不确定关系,对能否用其作为代表来评价压实能量提出了保留意见。

2.2.2 嵌锁点概念

上述研究结果中基于旋转压实提出了关于压实过程的一个重要概念——嵌锁点。嵌锁点最初由美国伊利诺伊州交通运输部的工程师 William J. Pine 提出。在这个概念中,当压实次数超过嵌锁点后,沥青混合料形成相互咬合的骨架结构来抵抗压实,将明显变得难以压实。嵌锁点的概念将沥青混合料现场施工过程中可以获得的最大密度与室内旋转压实得到的混合料联系起来,理论上嵌锁点要接近现场压路机最终压实区域。由于嵌锁点的概念较为直观且便于应用,一些采用 Superpave 设计方法的单位开始在其配合比设计中引入嵌锁点指标。美国亚拉巴马州交通部门采用的嵌锁点定义为连续两个压实次数之间试件高度变化小于 0.1mm。美国佐治亚州采用的定义为当连续三个压实次数的试件高度不发生变化时,第一个旋转次数为沥青混合料的压实嵌锁点,根据该州沥青混合料设计结果,嵌锁点的范围一般在 60~80 次之间。然而,上述判别方法仅依赖于压实过程中试件高度的变化,与压实过程中时间内部结构演化联系并不明确,因此目前仍缺乏对嵌锁点识别依据以及判别方法的统一认识。旋转压实或冲击压实的体积指标不能直接反映沥青混合料的强度或刚度变化。已有研究表明,冲击压实过程中的动力响应与混合料的刚度有很强的相关性。Clegg 设计了一种用于现场和实验室的手持式峰值加速度计,并用来测试材料强度指标。在现场智能压实过程中,安装在钢轮上的加速度计用来监控沥青路面刚度变化。Polaczyk 等在美国马歇尔击实仪的击实锤上安装了加速度传感器,用来记录冲击压实过程中的动态响应数据。该研究团队根据压实过程中的击实锤的加速度脉冲信号,通过比较每次冲击的加速度脉冲信号模式(包括加速度峰值与持续时间),提出了冲击压实嵌锁点的概念。当加速度脉冲信号达到稳定时,则将该时刻的击实次数作为沥青混合料的压实特征指标。然而,该方法通过人为比较每次冲击的加速度脉冲信号,数据处理成本较高,信号噪声以及人为截取误差等因素会影响其判断结果的准确性与稳定性。

2.2.3 断层扫描及三维重构技术

为了量化分析压实沥青混合料结构内部的骨架特征,国内外科研人员均进行了积极尝试。随着X光断层扫描(CT)技术应用于土木工程材料研究,研究人员可以通过无损检测的方法解构压实沥青混合料试件内部,并进行三维重构。Masad等利用X射线计算机CT技术来捕获Superpave旋转压实样品的内部结构和空隙分布。空隙分析表明,旋转压实试件的某些部分可以与现场钻芯试件非常接近。然后,他们采用X光成像技术研究了旋转压实试件内部的集料颗粒与空隙分布状况,发现混合料内集料颗粒排列呈随机分布情况,其空隙分布不均匀,表现为试件上下部分空隙率偏大而中部偏小,在外侧接触试模的部分空隙率也偏大。最后,他们建议将基于二维或三维的图像分析技术用于混合料配合比设计中评价沥青混合料骨架的合理性。Huang等借助CT技术分析了经处理后的沥青路面施工纵缝附近的路面空隙分布状态,以及不同接缝处理措施对空隙分布的影响。另外,他们还采用DEM来研究压实方式对空隙分布的影响,结果表明,压实方法对空隙垂直和横向分布都有显著影响,并且旋转压实试件的空隙分布比振动压实试件更为均匀。

  国内早期的CT分析基本处于二维状态。李智等研究者采用数字图像处理技术,针对沥青混合料试件在不同压实成型方式下内部结构变化,运用电荷耦合元件(CCD)相机获取试件立断面的图像数字信息,并引入压实评价参数(颗粒主轴方向)评价沥青混合料的内部结构状态。郭庆林采用数码摄像机对沥青混合料切面进行图像采集,通过分水岭方法消除集料之间的黏结现象;应用多边形近似算法对混合料图像进行矢量化,建立有限元分析数值模型,对沥青混合料内部砂胶的应力分布状态进行研究分析。为了将对沥青混合料内部结构的分析扩展到三维状态,吴文亮重点研究了工业CT技术应用于沥青混合料三维空间结构的识别与分析,提出应用统计方法从批量二维图像的分析中反映或计算出三维实体的信息。通过分析一定数量截面中粗集料的分布状态,计算出粗集料在三维体积中的分布状态,为均匀性的研究提供定量评价指标。随后,采用CT数字图像实现了沥青混合料的三维数值分析模型的重构,并以Burgers黏弹模型为基础进行虚拟单轴蠕变试验。结果表明,三维模型预测值与试验值吻合较好,从细观力学角度解释了沥青混合料蠕变变形的发生机理。李智等科研人员利用AVIZO软件的数字图像处理功能对沥青混合料CT图像内部组分进行识别,并成功地分离了黏结颗粒。张肖宁对CT技术在沥青混合料中的应用进行了阐述,分析了体积组成分析与差异性物质辨识方面的应用、混合料几何结构的三维重构以及沥青混合料性能的虚拟数值模拟试验等方面存在的问题。万成等根据CT试件空隙分布情况,提出了边界空隙率的概念。通过设置边界空隙,使模型的边界空隙分布与实际试样的空隙分布一致。与传统的基于统计学原理的三维建模和切片研磨三维建模方法相比,这种方法足以反映混合料的真实三维结构特性。接着万成等对沥青混合料的三维重构算法进行研究,提出了基于体素的三维数值重构技术。利用沥青混合料各组分的灰度值不同进行材质分类,以像素作为单元,构建了单元体和节点的三维空间维度,建立基于真实细观结构的三维有限元模型。汪海年等利用X-rayCT技术,将沥青混合料试件每隔1mm扫描得到64张切片图像。通过阈值分割方法将集料、砂浆、空隙三者进行物质区分,结合MATLAB程序完成沥青混合料的三维重构。利用该模型进行数值模拟后将结果与室内试验结果进行对比分析。

综上所述,利用沥青混合料细观切片图像建立二维或三维的数值模型进行虚拟力学仿真试验是未来研究发展趋势。纵观目前的多尺度研究现状发现,虽然三维重构方法已取得一定的研究成果,但对硬件设备要求较高,计算规模巨大,推广应用困难。随着计算机能力的提高,不断完善沥青混合料细观数值建模手段,对于沥青混合料细观虚拟分析意义重大,仍需要大量的基础研究工作。

2.2.4 地质统计学分析方法

地质统计学是应用数学中迅速发展的一个分支,它是以区域化变量为基础,借助变异函数,研究既具有随机性又具有结构性,或空间相关性和依赖性的自然现象的一门科学。通过假设相邻的数据空间相关,并假定表达这种相关程度的关系可以用一个函数来进行分析和统计,从而对这些变量的空间关系进行研究。在道路工程领域,单变量统计法通常用于描述压实沥青混合料的均匀性,但其无法解决空间一致性问题。具有相同均值和方差的两个数据集可能具有不同的空间特征,因此,有必要结合地质统计学分析方法来更好地量化空间均匀性,改进过程控制,并识别沥青混合料压实过程中压实不良的位置。

地质统计学的基本假设是空间自相关,可以简单描述为较大值附近存在其他较大值,较小值更可能接近其他较小值。尽管在路面设计中通常使用恒定的材料参数,但沥青混合料的工程性质在空间方向上可能存在较大差异。包括半方差函数模型在内的地质统计分析方法可用于评价沥青层的空间变化和路用性能,同时,越来越多学者研究空间变异性对路面结构实际性能的影响。与单变量统计学不同,地质统计学更强调空间数据集,半方差函数是描述空间关系的常用工具。半方差函数被定义为具有一定距离的数据值之间的平均方差的一半,如果对不同的距离重复计算该值,则可以获得半方差图,主要参数为变程、基台值和块金值。

半方差$\gamma_{(h)}$计算式如下:

$$\gamma_{(h)} = \frac{1}{2n_{(h)}} \sum_{i=1}^{n_{(h)}} [z(x_i + h) - z(x_i)]^2 \qquad (2.10)$$

式中：h——滞后间距;

$z(x_i)$——x_i处的测量值;

$n_{(h)}$——特点滞后区域滞后间距h的数据对数量。

由大于变程的距离分隔的样本位置在空间上不存在自相关关系,而比变程更近的位置是自相关的,因此,变程值越大,表示空间连续性越好。此外,基台值被定义为半方差函数在该范围内达到的平台。基台值近似等于数据的方差,表征一组数据与平均值的分散程度。理论上,$h=0$时,半方差函数的值等于0,然而,在很短范围内的可变性可能会导致在相隔极短距离的样本值之间存在显著差异。最后,块金值用来描述由这种现象引起的半方差函数原点的不连续性。

为了给出指定距离处半方差函数值之间关系的代数公式,理论模型通常需与试验值进行拟合。拟合试验半方差函数的一些常见模型包括线性模型、球形模型、指数模型和高斯模型。对于智能压实(Intelligent Compaction,IC)技术,指数模型与大多数试验半方差图非常吻合,实际上没有其他理论模型在先前的研究中采用。如果数据值不稳定,并且显示出有条理的趋势,则需要在对半方差函数建模之前删除该趋势。为了提高许多插值和模拟方法所要求的数据的单变量正态性,可以将数据转换为正态分数,转换后,数据将具有平均值为0、方差为1的正态分布。然而,此操作是可选的,并且在转换后可能难以解释半方差函数参数的含义。此外,地质统计学也可利用基于采样位置的测试值来预测未采样位置的相关数值。Kriging是一种随机插值程序,用于创建ICMV或其他IC测量结果的"平滑"轮廓图,可用于不均匀性分析和测试结果间的相互比较。

2.3 沥青混合料智能压实技术

2.3.1 沥青混合料智能压实应用现状

压实是路面施工的重要过程，良好的压实效果是道路结构强度、刚度、稳定性及使用寿命的重要保证。传统路面压实工艺及质量检测方法在一定时期内有力保障了的建设工程质量。然而，随着道路行业的发展、相关技术的进步，新材料、新工艺、新技术等不断涌现，传统路面压实方法的不足日益凸显，主要表现在：①压实施工时，振动压路机参数（如碾压速度、压实遍数、激振频率和激振幅值）的选取多依赖于施工人员的经验，压实过程中的压实状态不可知，压实的结束时间严重依赖于操作人员的经验，过压、欠压的情况普遍存在。②压实质量的检测只是实现了"点"的检测，无法实现全面性检测。压实质量检测为"事后"检测方法，无法体现过程控制。与此同时，常规的传统压实质量检测方法如环刀法、灌砂法等具有一定的破坏性。③在压实过程中忽略了压实质量均匀性的检测。上述传统压实技术和质量检测方法存在的不足，往往成为道路使用寿命降低、养护成本增加的重要诱因。

智能压实（IC）技术起源于欧洲，自20世纪70年代以来，便广泛应用于路基土的压实。它是采用计算机技术、高精密传感技术以及定位技术等高新技术集成的一套新型压实技术，可以实现对智能压路机的综合控制，并将当前压实状态以及反馈调节等信息传输给操作人员，对于解决上述压实质量控制的不足具有非常显著的优势。IC技术的关键在于揭示ICMV与材料原位特性之间的关系。既有的研究已经证实了ICMV与基于传统测量方法实测数据之间具有较好的相关性，如Nohse等发现压实土的干密度与ICMV的相关系数R^2达到0.9以上。

虽然智能压实技术在近年来得到迅速发展，但仍存在以下问题：

（1）在目前智能压实技术数值仿真方面的研究中没有考虑到被压实结构层力学参数的动态变化。例如，在路基土智能压实过程中，随着压实的进行，路基土的各项力学指标是在发生变化的，其黏聚力 c、内摩擦角 φ 都会随着压实质量的提升而增大。若不将其考虑到数值仿真的过程中，则会使得数值仿真结果与实际情况存在差异,从而导致数值仿真的结果出现误差。

(2)目前在智能压实过程中,关于最终压实质量影响因素的研究较少,这样就会导致智能压实技术的机理模糊,更多地依赖现场试验结果来发展智能压实技术,从而导致智能压实的理论研究薄弱。

(3)智能压实技术能够实现全面的压实质量检测,但关于智能压实质量均匀性评价的研究较少。压实质量是否满足要求是检验道路压实施工质量的一个标准,而另一个重要的标准则是压实质量的均匀性是否满足要求。若压实质量均匀性分布存在问题,则可能导致不均匀沉降等问题出现。

2.3.2 路面智能压实评价方法

路面智能压实技术是指使用具有现场实时测试与反馈系统的压路机对基层或沥青面层等进行压实。近年来,国内外针对智能压实技术的压实评价指标、动力学方程、影响因素、压实过程控制、反馈方法等进行了大量研究。研究人员开发了3大类智能压实检测指标,主要包括基于加速度信号的指标[如压实计值(Compaction Measurement Value,CMV)、压实控制值(Compaction Control Value,CCV)和振动压缩值(Vibration Compaction Value,VCV)],基于刚度力学参数的评价指标(如填筑体刚度、土体抗力和振动模量),以及基于能量法的指标[如Omega值和压实效率值(Machine Drive Power,MDP)]。其中,由于加速度信号类指标计算简便,且能较精确地反映压实质量,因此,目前应用最广泛的指标是CMV、CCV等。图2.4所示为智能压实测量值的实现机理示意图

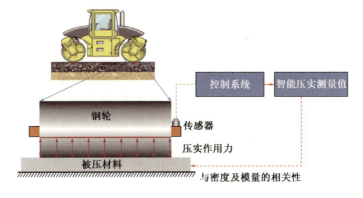

图2.4 智能压实测量值的实现机理

基于振动的压实计值(CMV)是一个无量纲的压实参数,依赖于滚筒尺寸和滚筒操作参数。振动滚筒对路面提供周期性的冲击,类似于路面上的荷载试验。研究发现,压实水平同第一个谐波频率幅值与基频幅值之比有显著关系。CMV是通过动态滚筒响应来确定的,计算公式如下:

$$\mathrm{CMV} = \frac{CA_{2\Omega}}{A_\Omega} \tag{2.11}$$

式中:C——常数,通常为300;

$A_{2\Omega}$——振动的第一谐波分量的加速度振幅;

A_Ω——振动的基本频率分量的加速度振幅。

随着填筑体压实度的不断增加,压路机振动轮与填筑体之间会发生失耦现象,出现多种频率的加速度响应信号。因此,Nohse改进了CMV指标,提出了CCV指标。CCV在CMV的谐波比方法基础上,更加全面地考虑了信号的畸变形式,引入0.5倍、1.5倍、2.5倍和3倍谐波振幅。CCV计算公式如下:

$$\mathrm{CCV} = \frac{A_{0.5\omega} + A_{1.5\omega} + A_{2\omega} + A_{2.5\omega} + A_{3\omega}}{A_{0.5\omega} + A_{1\omega}} \times 100 \tag{2.12}$$

谐振计值(RMV)也由滚筒测量,用于反映滚筒行为的变化,计算公式如下:

$$\mathrm{RMV} = \frac{CA_{0.5\Omega}}{A_\Omega} \tag{2.13}$$

式中:$A_{0.5\Omega}$——亚谐波加速度幅值。

RMV接近0,表示滚筒保持连续接触;如果RMV远大于0,则滚筒可能进入晃动或混乱模式,导致CMV不一致。研究表明,滚筒行为会影响CMV测量。因此,在解释CMV测量时应检查RMV测量。

2.3.3 信号滤波去噪方法

沥青混合料在压实过程中,压实机的自身加载噪声和周围环境噪声使得采集信号中夹杂了与实际结构无关的信号波。因此,需要采用滤波技术对采集信号进行滤波,从而减小噪声干扰,便于提取主频信号。传统模拟电路中一般采用模拟滤波器,随着数字化的普及,数字滤波器应运而生。数字滤波器相比于模拟滤波器,具有体积小、成本低、参数易调以及可通过编程算法实现等优点。下面简要介绍数字滤波器的理论基础与几种典型滤波器。

2.3.3.1 传递函数

模拟滤波器通常采用常系数微分方程来描述系统特征。设$x(t)$和$y(t)$分别为模拟滤波器的输入和输出,表示它们之间时域关系的微分方程如下:

$$a_n y^{(n)}(t) + a_{n-1} y^{(n-1)}(t) + \cdots + a_1 y^{(1)}(t) + a_0 y(t) \\ = b_m x^{(m)}(t) + b_{m-1} x^{(m-1)}(t) + \cdots + b_1 x^{(1)}(t) + b_0 x(t) \quad (2.14)$$

式中:$a_n \sim a_0$、$b_m \sim b_0$——与系统有关的常系数。

对其两边作拉普拉斯变换并化简,得到模拟滤波器的传递函数:

$$H(s) = \frac{Y(s)}{X(s)} = \frac{b_m s^m + b_{m-1} s^{(m-1)} + \cdots + b_1 s + b_0}{a_m s^m + a_{m-1} s^{(m-1)} + \cdots + a_1 s + a_0} = \frac{\sum_{i=0}^{m} b_i s^i}{\sum_{j=0}^{n} a_j s^j} \quad (2.15)$$

数字滤波器采用差分方程描述系统特性,设系统输入序列为$x(k)$,输出序列为$y(k)$,则它们之间的关系可采用差分方程来表示:

$$y(k) + a_1 y(k-1) + a_2 y(k-2) + \cdots + a_N y(k-N) \\ = b_0 x(k) + b_1 x(k-1) + b_2 x(k-2) + \cdots + b_M x(k-M) \quad (2.16)$$

式中: a_0——系数,$a_0=1$;

$a_1 \sim a_N$、$b_0 \sim b_M$——常系数;

M、N——常数,分别代表输出最高阶数与输入的最高阶数。

对式(2.16)两边作Z变换,可简化得到数字滤波器的传递函数为:

$$H(z) = \frac{Y(z)}{X(z)} = \frac{\sum_{m=0}^{M} b_m z^{-n}}{1 + \sum_{n=1}^{N} a_n z^{-m}} \quad (2.17)$$

在模拟滤波器中,通过传递函数来描述滤波器的特性,式(2.14)反映了时域输入和输出的变化关系,而式(2.15)则反映了复频域输入和输出的相对关系。因此,式(2.15)可以看作复变量s的有理分式函数,其分子多项式的根为系统的零点,分母多项式的根为系统的极点,由此在时域或者在变换域求解系统的响应,即可通过$H(s)$来描述和反映滤波器的特性。与模拟滤波器类似,将式(2.17)中离散时间系统输出和输入Z变换的比值定义为数字滤波器的传递函数,一般为复变量z的有理分式,零点与极点的定义与模拟滤波器一致,并且数字滤波器传递函数的直接求法是利用差分方程通过变换域方法求得。

当获取了数字滤波器的传递函数时,对于任意输入序列,可由式(2.17)求解数字滤波器的输出序列:

$$y(k) = Z^{-1}[Y(z)] = Z^{-1}[H(z)X(z)] \tag{2.18}$$

式中:$Z^{-1}[\cdot]$——Z逆变换。

在数字滤波器中,单位脉冲函数序列$\delta(k)$的响应为$h(k)$,它与数字滤波器传递函数$H(z)$的关系如下:

$$H(z) = Z[h(k)] \tag{2.19}$$

式中:$Z[\cdot]$——Z变换。

对于任意一个稳定系统,输入序列为$x(k)$,输出序列为$y(k)$,则对于数字滤波器,可将它们的关系通过离散脉冲信号表示为:

$$y(k) = x(k)h(k) = \sum_{n=0}^{N} x(n)h(k-n) \tag{2.20}$$

$$Y(z) = X(z)H(z) \tag{2.21}$$

因此,数字滤波器的传递函数可用于分析离散系统特征,并同时分析其频率响应特性。

2.3.3.2 频率响应分析

数字滤波器的选频特性主要指滤波器对不同频率信号的选择性通过,即每一种频率成分通过滤波器后其幅值及相位的变化特性。对于模拟滤波器,只要将其传递函数$H(s)$中的复变量s用纯虚数$j\omega$代替,即:

$$H(j\omega) = \frac{Y(j\omega)}{X(j\omega)} = \frac{b_m(j\omega)^m + b_{m-1}(j\omega)^{(m-1)} + \cdots + b_1(j\omega) + b_0}{a_m(j\omega)^m + a_{m-1}(j\omega)^{(m-1)} + \cdots + a_1(j\omega) + a_0} = A(\omega)e^{j\varphi(\omega)} \tag{2.22}$$

式中:$A(\omega)$——滤波器的幅频特性,$A(\omega) = |H(j\omega)| = \sqrt{\text{Re}[H(j\omega)]^2 + \text{Im}[H(j\omega)]^2}$;

$\varphi(\omega)$——滤波器的相频特性,$\varphi(\omega) = \angle H(j\omega) = \arctan\dfrac{\text{Im}[H(j\omega)]}{\text{Re}[H(j\omega)]}$。

与此对应,数字滤波器的频率响应为其单位脉冲序列$h(k)$的离散傅立叶变换,也可由其传递函数$H(z)$求解。由单位脉冲响应序列$h(k)$可以求得其频率响应函数:

$$H(e^{jk\omega}) = \sum_{-\infty}^{\infty} h(k)e^{-jk\omega} \tag{2.23}$$

由 Z 变换和拉普拉斯变换的关系可知,在一般情况下有:

$$z = e^{sT} \tag{2.24}$$

式中:s——复变量,$s = \sigma + j\omega$;
　　T——采样周期。

T 归一化后,即 $T=1$,则式(2.24)可表示为:

$$z = e^{s} \tag{2.25}$$

当 $s = j\omega$ 时,即 $z = e^{j\omega}$,可由数字滤波器的传递函数 $H(z)$ 得到其频率响应函数:

$$H(e^{j\omega}) = \frac{\sum_{m=0}^{M} b_m e^{-jm\omega}}{1 + \sum_{n=0}^{N} a_n e^{-jn\omega}} = |H(e^{j\omega})| e^{j\varphi(\omega)} \tag{2.26}$$

式中:$|H(e^{j\omega})|$——数字滤波器的幅频特性;
　　$\varphi(\omega)$——相频特性。

由 $z = e^{j\omega}$ 可知,数字滤波器的频率响应是由数字滤波器的传递函数在 Z 平面单位圆上的取值决定。因此,数字滤波器的频率特性是角频率 ω 的周期函数,即:

$$H(e^{j\omega}) = H[e^{j(\omega + n\omega_s)}] \tag{2.27}$$

式中:n——整数;
　　ω——角频率;
　　ω_s——ω 的圆周期,$\omega_s = 2\pi$。

在模拟滤波器中,可以通过其传递函数在 S 平面上的零点、极点分布来分析其频响特性,同样地,数字滤波器也可以通过其传递函数在 Z 平面上的零点、极点分布来定性地分析其频响特征。设数字滤波器的传递函数为:

$$H(z) = \frac{\prod_{m=1}^{M}(z - z_m)}{\prod_{n=1}^{N}(z - z_n)} \tag{2.28}$$

式中:z_m——零点;
　　z_n——极点。

对应地,可以得到数字滤波器的频率响应特性为:

$$H(z) = \frac{\prod_{m=1}^{M}(e^{jm\omega} - z_m)}{\prod_{n=1}^{N}(e^{jn\omega} - z_n)} = |H(e^{j\omega})| e^{j\varphi(\omega)} \tag{2.29}$$

令 $e^{jm\omega} - z_m = B_m e^{j\theta_m}$，$e^{jn\omega} - z_n = A_n e^{j\varphi_n}$，则：

$$|H(e^{j\omega})| = \frac{\prod_{m=1}^{M} B_m}{\prod_{n=1}^{N} A_n} \quad (2.30)$$

$$\varphi(\omega) = \sum_{m=1}^{M} \theta_m - \sum_{n=1}^{N} \varphi_n \quad (2.31)$$

式(2.30)为数字滤波幅频特性，式(2.31)为数字滤波相频特性。

2.3.3.3 典型模拟滤波器

数字滤波器已发展较为成熟，按频率分布特性可以分为低通、高通、带通以及带阻4类，按实现方式的不同可以分为非递归型与递归型数字滤波器。下面介绍4种常用的模拟低通滤波器：巴特沃斯(Butterworth)、切比雪夫(Chebyshew)Ⅰ型、切比雪夫Ⅱ型以及椭圆形(Elliptic)滤波器。

巴特沃斯滤波器的幅度平方特性定义为：

$$|H_B(e^{j\omega})|^2 = \frac{1}{1+\left(\dfrac{\omega}{\omega_c}\right)^{2N}} \quad (2.32)$$

式中：N——滤波器的阶次；

ω_c——带通截止频率。

对于一个给定的截止频率 ω_c，图2.5给出了不同阶次巴特沃斯滤波器的幅频特性曲线，图中 ω/ω_c 是归一化频率。由图2.5可以看出，巴特沃斯滤波器的直流增益等于1，在低频处具有最平坦的特性，通带和阻带频率响应具有单调下降的特征。

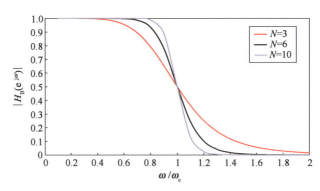

图2.5 不同阶次巴特沃斯滤波器的幅频特性曲线

设与巴特沃斯滤波器幅频特性对应的模拟传递函数为 $H_B(s)$,并且限定的脉冲响应 $h_B(t)$ 是实数,则:

$$|H_B(j\omega)|^2 = H_B(j\omega)H_B^*(j\omega) = H_B(j\omega)H_B(-j\omega) = H_B(s)H_B(-s)|_{s=j\omega} \quad (2.33)$$

将 $\omega = s/j$ 代入幅频特性式,得:

$$H_B(s)H_B(-s) = \frac{1}{1+\left(\dfrac{s}{j\omega_c}\right)^{2N}} \quad (2.34)$$

从式(2.34)可知,$2N$ 个极点均匀分布在以 ω_c 为半径的圆上。根据模拟滤波器的稳定性要求,则:

$$H_B(s) = \frac{\omega_c^N}{\prod_{k=0}^{2N-1}(s-s_k)} \quad (2.35)$$

$$s_k = (j\omega_c)(-1)^{\frac{1}{2N}} = \omega_c e^{j(N+1+2k)\pi/2N} \quad (2.36)$$

式中,$k = 0 \sim 2N-1$。在实际处理中,N 阶巴特沃斯原型低通滤波器选用左半边的极点。

巴特沃斯滤波器在通带和阻带上的响应都是单调的。切比雪夫滤波器则具有一定波动性,其中,切比雪夫 I 型滤波器在通带中具有等波纹响应,而切比雪夫 II 型滤波器在阻带中具有等波纹响应。等波纹特性的阶次低于单调特性,因此,对于相同的指标,切比雪夫滤波器比巴特沃斯滤波器的阶数低。

切比雪夫滤波器通常分为 I 型和 II 型。切比雪夫 I 型低通滤波器的幅度平方特征为:

$$|H_{C1}(e^{j\omega})|^2 = \frac{1}{1+\varepsilon^2 T_N^2(\omega/\omega_c)} \quad (2.37)$$

切比雪夫 II 型低通滤波的幅度平方特性为:

$$|H_{C2}(e^{j\omega})|^2 = \frac{1}{1+\left[\varepsilon^2 T_N^2\left(\dfrac{\omega_c}{\omega}\right)\right]^{-1}} \quad (2.38)$$

式中:ε ——波纹系数,由通带内的允许波纹确定;

$T_N(x)$ ——N 阶切比雪夫多项式,计算公式见式(2.39)。

$$T_N(x) = \begin{cases} \cos(N\cos^{-1}x) & (0 \leqslant x \leqslant 1) \\ \cosh(N\cosh^{-1}x) & (1 < x < \infty) \end{cases} \quad (2.39)$$

其递推公式为：

$$T_0(x) = 1 \quad (N = 0)$$
$$T_1(x) = x \quad (N = 1) \quad (2.40)$$
$$T_{N+1}(x) = 2xT_N(x) - T_{N-1}(x) \quad (N > 1)$$

图2.6和图2.7分别为切比雪夫Ⅰ型与Ⅱ型低通滤波器的典型幅频特性曲线，波纹波动程度与设置的波纹系数 ε 和阻带衰减有关，ω/ω_c 是归一化频率。由图可知，切比雪夫Ⅰ型低通滤波器在通带区间内（$0 \leq \omega \leq \omega_c$）幅频特性是等波纹波动的，波动次数与 N 的奇偶相关。切比雪夫Ⅰ型幅频特性在过渡带和阻带都是单调下降的。切比雪夫Ⅱ型低通滤波器在过渡带和通带具有单调下降的特性，且在 $\omega=0$ 处具有平坦特征，在阻带具有等波纹特性，波动次数与 N 的奇偶相关。

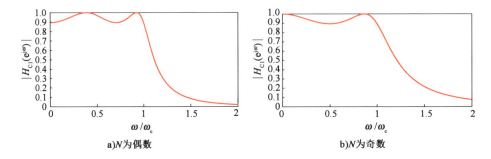

图2.6 切比雪夫Ⅰ型低通滤波器的幅频特性曲线

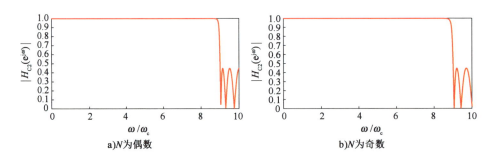

图2.7 切比雪夫Ⅱ型低通滤波器的幅频特性曲线

椭圆形低通滤波器的幅频特性在通带和阻带内均具有等纹波特性，其幅度平方特性为：

$$|H_E(e^{j\omega})|^2 = \frac{1}{1 + \varepsilon^2 U_N^2(\omega/\omega_c)} \tag{2.41}$$

式中：ε——波纹系数，由通带内的允许波纹确定；

$U_N(x)$——N阶雅可比椭圆函数。

和切比雪夫低通滤波器一样，在给定具体滤波器参数后，可以求得椭圆形原型低通滤波器传递函数（$\omega_c = 1$）如下：

$$H_E^N(s) = \frac{b_N s^N + b_{N-1} s^{(N-1)} + \cdots + b_1 s + b_0}{a_N s^N + a_{N-1} s^{(N-1)} + \cdots + a_1 s + a_0} \tag{2.42}$$

2.3.4 离散元模拟方法

2.3.4.1 离散单元运动方程

DEM 是一种计算密集型的方法，对于大规模的 DEM 模型，计算非常耗时。目前，DEM 分析的规模通常被限制在约 100 万个颗粒，通常是圆形（二维）或球形（三维）颗粒。Cundall 于 1971 年提出的离散单元法用于解决非连续介质问题，主要方法是将一个系统离散为一系列刚性球体或圆盘形单元，每个离散单元的运动由牛顿第二定律来控制，计算每个离散单元与相邻单元间的相互作用力及位移。Cundall 的研究主要以球颗粒为离散对象，因此，离散单元 i 的一般运动方程为：

$$m_i \ddot{u}_i = \sum_{n=1}^{N_i} F_{in} + R_i, \quad I_i \dot{\omega}_i = \sum_{n=1}^{N_i} d_{in} \times F_{in} + M_i \tag{2.43}$$

式中：N_i——离散单元 i 邻近的单元数目；

m_i、I_i——离散单元 i 的质量和转动惯量；

u_i、ω_i——离散单元 i 的位移及角速度；

F_{in}——邻近单元 n 对离散单元 i 的作用力；

d_{in}——作用力 F_{in} 关于离散单元 i 中心的力臂；

R_i、M_i——作用于离散单元 i 的外力和外力矩。

而对于非球颗粒运动的牛顿-欧拉方程，则采用更为一般的形式：

$$m_i \ddot{u}_i = H_i, \quad I_i \dot{\omega}_i = (I_j - I_k)\omega_j \omega_k + C_i \tag{2.44}$$

式中：i、j、k——轮换坐标；

H_i——绕颗粒质心的合外力；

C_i——绕颗粒质心的合力矩。

作用在颗粒上的力包括体积力和接触力。非球颗粒间接触力的法向分量通常不通过颗粒的质心,会产生绕质心的转矩,从而促进或抑制非球颗粒的转动,这与球形颗粒间的接触力有着显著差别。

采用中心差分法求解式(2.43)及式(2.44)。假设在 t^n 时刻,离散单元 i 的加速度为 $a_i(n)$,角加速度为 $\beta_i(n)$,其中:

$$a_i(n) = \ddot{u}_i, \beta_i(n) = \dot{\omega}_i$$

在 t^{n+1} 时刻,利用中心差分法可以得到:

$$v_i(t + \Delta t) = v_i(t) + a_i(t)\Delta t \quad (2.45)$$

$$\omega_i(t + \Delta t) = \omega_i(t) + \beta_i(t)\Delta t \quad (2.46)$$

$$u_i(t + \Delta t) = u_i(t) + v_i(t + \Delta t)\Delta t \quad (2.47)$$

$$e_i(t + \Delta t) = e_i(t) + \omega_i \times e_i(t)\Delta t \quad (2.48)$$

$$e_i(t + \Delta t) = \frac{e_i(t + \Delta t)}{|e_i(t + \Delta t)|} \quad (2.49)$$

式中:v_i——离散单元 i 的速度;

e_i——离散单元 i 的转动单位向量;

Δt——时间步长。

2.3.4.2 离散单元计算程序

图2.8为DEM模拟中每一时步的计算流程。假设每个时步为 Δt,已知颗粒的状态(位置、约束条件),首先,通过第一阶段接触探测,初步确定颗粒间接触的几何信息;然后,进一步地通过几何接触判断,并根据相应颗粒接触模型计算接触力,并附加外力(重力或边界力等),按照牛顿第二定律计算颗粒加速度;由加速度更新颗粒速度,由此颗粒将运动至新的位置,继续下一时步的DEM计算。每个时步DEM计算循环流程如图2.8所示。

随着离散单元法的蓬勃发展,目前,研究者们基于分子动力学方法编写了众多DEM程序软件,其中商业软件包括PFC2D/3D、UDEC/3DEC、EDEM和ESSS ROCKY等,开源代码包括YADE(Yet Another Dynamic Engine)、Esys-Praticle、LIGGGHTS和SudoDEM等。其中,由Frederic Donze设计、Jan Kozicki以及Olivier Galizzi完成的YADE由于其平台的灵活性、与其他方法(FEM,

Lattice Models，Mass-spirng Models）便捷的耦合性以及后续自主开发的开源性，受到了学者们的欢迎。

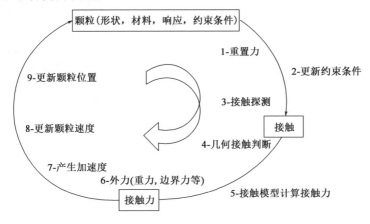

图2.8　每个时步DEM计算循环流程

YADE核引擎采用C++编写，而交互程序则采用面向对象的Python进行编写，可以方便地调用底层程序，从而保证了C++引擎的高效性。本书基于YADE程序框架对接触模型进行了编程。所用引擎主要包括：颗粒间接触探测（Aabb）、多面体颗粒接触判断与接触刚度模型、球形颗粒接触判断、球形接触刚度模型以及球形CPM模型。

2.3.5　智能颗粒的应用现状

为了观测颗粒集料在荷载作用下的力学行为特征，探究颗粒受荷传力机理，研究人员开发了新型颗粒传感器——智能颗粒（SmartRock），如图2.9所示。该传感器集成了加速度、应力、温度以及四元素（旋转姿态）测试元件。智能颗粒采用3D打印外壳包裹测试元件，外壳材料为丙烯腈-丁二烯-苯乙烯共聚物（ABS），具有高强度、耐高温特性；外壳形状可模拟真实颗粒外形特征。智能颗粒内部安装的三轴加速度计、三轴陀螺仪和三轴磁力计，可记录9个自由度的颗粒位移、旋转角度和运动方向。最新版本的传感器还集成了温度传感器与可测试三轴法向应力的三向应力计。通过引入低功耗蓝牙（BLE）技术和卡尔曼滤波机制，智能颗粒传感器可以通过减少加速度二次积分（漂移问题）中产生的误差累积来有效地提高数据传感精度。

a)真实石头　　　　　　b)智能颗粒　　　　　　c)内部构件

图2.9　智能颗粒传感器

最初,Huang和Liu将开发的智能颗粒应用在铁路行业中(图2.10),并且成功测得了铁路道砟颗粒在荷载作用下的运动行为特征,包括:室内大型三轴试验中道砟颗粒的运动行为,并将测试数据与DEM模型相结合,开发了Sensing Mechanism & Real-Time(SMART)程序。该程序能够根据智能颗粒测试结果校准DEM模型中颗粒运动行为,从而提高DEM模型对颗粒力学行为以及运动行为预测的准确性。颗粒运动特征可用来评估道床脏污、道床变形、过渡段变形、轨枕位移以及土工格栅对道床水平向稳定性等。上述应用研究成果很好地验证了智能颗粒在基础设施材料中对细观尺度颗粒运动观测上的独特优势。相比于智能颗粒在铁路行业中的广泛使用,智能颗粒在沥青混合料中的应用仍处在探索阶段。受限于沥青混合料最大粒径的限制,研究者缩小了智能颗粒尺寸。为了适应热拌沥青混合料的拌和高温,还需在智能颗粒外壳上增加保护膜进行防护。目前,仅有少量文献对智能颗粒在沥青混合料中的应用进行了研究。

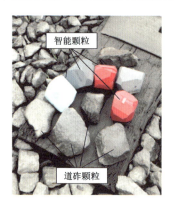 

图2.10　智能颗粒传感器在铁路行业中应用

Wang 等在沥青冷拌料旋转压实中引入智能颗粒来测试集料在压实过程中的运动姿态变化(图 2.11),分析每个旋转压实周期测试颗粒水平面相对转角随压实过程的变化。根据相对转角的变化曲线趋势将压实阶段划分为 3 个阶段:阶段 1 为初始压实阶段,阶段 2 为过渡阶段,阶段 3 为平台阶段。分析发现,阶段 2 到阶段 3 临界点与根据传统压实高度判断的嵌锁点相近。另外,Wang 还对比了智能颗粒不同布置位置的测试结果,发现相比于布置在试件底部或者是中部边缘,布置在中部中心位置的颗粒压实平台阶段更为显著,表明中部颗粒压实效果最好,同时也说明智能颗粒的相对转动与沥青混合料密实度的变化密切相关。

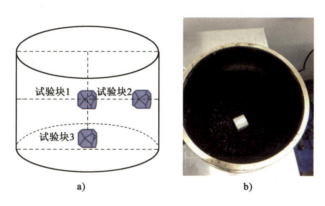

图 2.11 沥青旋转压实中智能颗粒布置

Dan 等同样在沥青混合料旋转压实中尝试放置智能颗粒来测试集料接触应力随压实过程的变化规律。Dan 定义智能颗粒每个旋转压实周期内测试应力峰值与谷值的计算平均值为平均应力,并基于平均应力建立了应力比率曲线,与压实密度比率曲线理论最大相对密度进行对比,发现两曲线均呈现显著的对数增长规律,表明测试结果能够从细观角度反映压实过程中混合料骨架结构力学变化特性。

基于上述室内试验模拟研究成果,Wang 尝试采用智能颗粒技术对现场压实条件下的颗粒运动进行监测。为了保护传感器以及确保数据的完整性,研究者将智能颗粒布置在沥青层靠下放位置(距离层底 1cm,层厚为 11cm),现场压实包含初压、复压以及终压三阶段。结果表明,初压阶段振动压实对颗粒运动姿态影响最为显著。随着压实的进行,到复压阶段,颗粒运动受振动压实的作用并不明显,而胶轮碾压仍能对颗粒水平方向的转动产生较明显的影响,起到一定的揉搓作用。同时,Wang对比了胶轮碾压下颗粒相对转角与室内旋转压实下的结果,发现两者相对转角时程曲线形式相近,表明室内旋转压实作用能够很好地模拟现场胶轮碾压下对沥青集料的揉搓作用。

Dan特别研究了智能颗粒在现场振动压实作用下测试结果的变化特征。Dan对智能颗粒测试加速度、应力以及旋转角信号进行了带通滤波,提取了48~52Hz之间的信号,分析结果表明,智能颗粒这三类信号都随着振动次数的增加趋于稳定,其中应力以及加速度响应服从幂函数分布。类似地,Dan的测试也发现振动主要对颗粒竖向加速度以及应力产生较大影响,而压路机碾压以及揉搓作用主要对颗粒水平方向转动产生较大影响。

上述研究表明,相比传统沥青路面传感器,智能颗粒仍具有稳定、耐用和方便的优势,且根据测试结果可以看出,颗粒外壳表现出与沥青材料良好的相容性和黏附性。然而,目前研究只能定性地分析智能颗粒测试值与沥青混合料压实宏观参数间关系,仍需对能够反映沥青混合料压实特征的量化指标进行进一步探索。

第3章 沥青混合料马歇尔冲击压实嵌锁点判定方法

沥青混合料的压实质量与其空隙含量密切相关。压实结果应保证达到一个合适的空隙率,过高或过低都可能导致沥青混合料的破坏。已有研究表明,在不合理的空隙率范围内(例如超过标准空隙率7%),每增加1%会导致沥青路面使用寿命下降10%。因此,路面施工控制中沥青混合料空隙率通常低于8%,确保对其透水性无不利影响。调查表明,为了有效提高抗车辙性能,空隙率应控制在4%左右。在混合料配合比室内试验中,目标空隙率的大小是确定混合料配合比设计中最佳沥青用量的关键因素。混合料试件压实成型方法也由静压法发展到人工夯实、机械冲压、揉搓、旋转压实、振动压实以及滚动压实模拟。目前,常用的室内试验压实成型方法主要有马歇尔成型法、维姆成型法以及Superpave旋转压实法。其中,Superpave旋转压实法在美国沥青混合料配合比设计中得到了广泛应用,它能够减少集料颗粒破碎,从而降低试验结果变异性,并且其大尺寸试件能够容纳更大粒径的集料。根据Superpave旋转压实法致密化曲线,可以获得相应体积指标参数来描述各种沥青混合料的压实特性,例如:在初始旋转数时理论最大相对密度、CDI、压实曲线斜率以及能够表征抵抗永久变形强度的嵌锁点。嵌锁点可以定义为沥青集料在压实过程中形成稳定骨架结构互相嵌锁状态时刻。当超过嵌锁点后,外界压实功并不能有效增加压实密度,相反会增加集料破损的风险。嵌锁点最初是为了减少因过度压实导致Superpave旋转压实试件集料破损而提出的。目前,研究者们主要基于压实试件高度来进行嵌锁点的判别。Vavrik等取旋转压实过程中连续三次压实高度相同时第一次旋转次数作为嵌锁点。Anderson与Bahia在此基础上进行了修正,取两组旋转压实试件连续三次压实高度相同时首次旋转次数作为嵌锁点,且这两组试件压实高度相同。此外,美国交通部门机构(包括亚拉巴马州交通部门和佐治亚州交通部门)还推荐了几种嵌锁点的判别方法。目前,嵌锁点的主要判别方法可以总结如下:①压实过程中将首次连续两次旋转压实高度相同的旋转次数作为"嵌锁点2-1";②压实过程中将第二次发生连续两次旋转压实高度相同的旋转次数作为"嵌锁点2-2";③压实过程中将第三次发生连续两次旋转压实高度相同的旋转次数作为"嵌锁点2-3"。然而,上述判别方法仅依赖于压实过程中试件高度的变化,与压实过程中时间内部结构演化联系并不明确,因此目前仍缺乏对嵌锁点识别依据以及判别方法的统一认识。

相比美国,世界很多其他国家(包括中国在内)仍主要采用基于机械冲压的马歇尔击实仪。在相同压实功下,根据不同模具尺寸,主要有两种单位体积的马歇尔击实仪,即模具直径为101.6mm的标准马歇尔击实仪和模具直径为152.4mm的大型马歇尔击实仪。然而这两种马歇尔击实仪都不能像旋转压实仪一样在压实过程中记录试件的准确高度(或者其他与压实过程中的体积参数相关数据,例如空隙率、沥青混合料间隙率以及压实密度等)。另外,尽管使用了旋转压实或冲击压实,但体积指标仍不能直接反映沥青混合料的强度或刚度变化。已有研究表明,冲击压实过程中的动力响应与混合料的刚度有很强的相关性。对此,Clegg设计了一种用于现场和实验室的手持式峰值加速度计,并用来测试材料强度指标。Polaczyk等在美国马歇尔击实仪的击实锤上安装了加速度传感器,用来记录冲击压实过程中的动态响应数据。该研究团队根据压实过程中击实锤的加速度脉冲信号,通过比较每次冲击的加速度脉冲信号模式(包括加速度峰值与持续时间),提出了冲击压实嵌锁点的概念。当加速度脉冲信号达到稳定时,则将该时刻的击实次数作为沥青混合料的压实特征指标。通过对比旋转压实嵌锁点以及借助CT技术分析嵌锁点前后集料嵌锁点规律等,进一步验证了该判定方法的合理性。然而,该方法是通过人为比对每次冲击的加速度脉冲信号,数据处理成本较高,信号噪声以及人为截取误差等因素会影响判断结果的准确性与稳定性。

因此,为了更快速准确地判断冲击压实嵌锁点,需建立表征试件完整压实过程的密实曲线,提出一种修正的判别方法。为了研究该方法对于不同结构马歇尔击实仪以及不同类型沥青适用性与稳定性,本次研究采用了14种类型的沥青材料以及3种马歇尔击实仪分别进行试验研究。其中,沥青材料包括基层混合料、表层密级配混合料以及沥青玛蹄脂碎石(SMA)混合料等,而3种马歇尔击实仪分别为美国标准马歇尔击实仪、中国标准马歇尔击实仪以及中国大型马歇尔击实仪。测试方法则同样采用在击实锤上布置加速度传感器来监测冲击脉冲信号。同时,对比相同混合料旋转压实嵌锁点,再次验证该方法对中美各类马歇尔击实仪的有效性。

3.1 试验测试方法

3.1.1 原材料

为了考虑不同类型沥青混合料对嵌锁点判别方法稳定性的影响,本次试验采用了14种沥青混合材料,包括一组10种沥青混合料(选自美国田纳西州)以及一组4种沥青混合料(选自中国上海)。

3.1.1.1 美国马歇尔击实仪沥青混合料试验

本次试验选用的美国田纳西州沥青混合料配合比设计参照美国相关规范标准,可分为三组:第一组,基层沥青混合料(混合料A、B、BM2和C);第二组,面层沥青混合料(混合料D、E和TLD);第三组,满足美国田纳西州规范要求的SMA混合料(SMA-10、SMA-13和SMA-19)。石灰石集料来自美国田纳西州,包括4号石材、5号石材、56号石材、7号石材和10号筛网。沥青结合料选用PG 64-22。将沥青混合料在154.4℃的温度下进行拌和,并在143.3℃的温度下进行压实以消除温度影响。表3.1与表3.2分别列出了这10种沥青混合料的级配以及其他设计要求。

沥青混合料配合比设计(美国田纳西州) 表3.1

粒径 (mm)	累计过筛质量百分率(%)								
	基层沥青混合料				面层沥青混合料			SMA混合料		
	A	B	BM2	C	D	E	TLD	SMA-10	SMA-13	SMA-19
50.8	100	—	—	—	—	—	—	—	—	—

续上表

粒径 (mm)	累计过筛质量百分率(%)									
	基层沥青混合料				面层沥青混合料			SMA混合料		
	A	B	BM2	C	D	E	TLD	SMA-10	SMA-13	SMA-19
38.1	90	100	—	—	—	—	—	—	—	—
31.8	—	—	100	—	—	—	—	—	—	—
25.4	—	—	—	—	—	—	—	—	—	100
19.1	60	77	87	100	—	—	—	—	100	95
15.9	—	—	—	—	100	—	—	—	—	—
12.7	—	—	—	—	97	100	100	100	93	57
9.5	42	60	65	80	86	86	95	85	63	42
4.75	30	42	48	52	65	65	65	39	24	24
2.36	20	32	35	35	46	46	46	23	20	18
0.6	12	16	19	18	23	23	25	—	—	—
0.3	—	—	14	11	14	14	14	13	15	15
0.15	5	7	8	6	7	10	7	—	—	—
0.075	2.3	4.5	4.5	4.5	4	7	6	10	10	10

沥青混合料设计要求(美国田纳西州)　　　　　　　　　　　表3.2

混合料类型	最佳沥青含量(%)	空隙率(%)	矿料间隙率(%)	有效沥青饱和度(%)	击实次数
A	3.5	4.0	14.0	71	75×2
B	4.0	4.1	14.8	72	75×2
BM2	4.4	4.0	15.2	74	75×2
C	4.8	4.1	15.3	73	75×2
D	5.5	4.0	15.6	74	75×2
E	5.8	4.0	15.8	75	75×2
TLD	5.8	4.0	15.7	75	75×2
SMA-10	6.8	3.6	18.2	80	50×2
SMA-13	6.4	3.5	17.9	80	50×2
SMA-19	5.9	3.5	17.2	79	50×2

3.1.1.2 中国马歇尔击实仪沥青混合料试验

本次试验还采用中国马歇尔击实仪进行测试,并相应选取了上海地区4种常见类型的沥青混合料(AC-25C、AC-20C、AC-13C和SMA-13,其级配以及相关设计要求见表3.3和表3.4)。其中,AC-25、AC-20C与AC-13C沥青混合料中使用了基质沥青结合料和石灰石集料,而SMA-13沥青混合料中则采用改性沥青结合料和一种玄武岩集料。混合料拌和温度为180℃,压实温度为170℃。

沥青混合料配合比设计(中国上海)　　　　表3.3

项目		过筛质量百分率(%)			
		AC-25C	AC-20C	AC-13C	SMA-13
不同粒径(mm)集料	0~3	28	27	31	13
	3~5	9	10	16	5
	5~10	27	18	31	35
	10~15		14	19	37
	15~25	21	28	—	—
	25~31.5	15	—	—	—
矿粉		3.1	3	3	10
添加剂		0.35(抗车辙剂)	—	—	0.3(聚酯纤维)

沥青混合料设计要求(中国上海)　　　　表3.4

混合料类型	最佳沥青含量(%)	空隙率(%)	矿料间隙率(%)	有效沥青饱和度(%)	击实次数
AC-25C	3.8	4.1	12.5	64.0	75×2
AC-20C	4.4	4.7	13.5	65.5	75×2
AC-13C	5.1	4.0	15.0	71.5	75×2
SMA-13	6.1	4.1	16.9	75.5	50×2

3.1.2 试验设备

为了考虑不同结构马歇尔击实仪对嵌锁点判别方法适用性的影响,本次试验采用了三种结构的马歇尔击实仪,包括美国标准马歇尔击实仪(图3.1)、中国标准马歇尔击实仪和中国大型马歇尔击实仪(图3.2)。美国和中国标准马歇尔

击实仪均采用 ϕ101.6mm 的试件模具,而中国大型马歇尔击实仪则采用 ϕ152.4mm 的试件模具。较大尺寸的试件有利于粗集料的移动和相互咬合,从而提高压实密度。在等单位体积压实功作用下,ϕ152.4mm 试件的击实设计次数是 ϕ101.6mm 试件的 1.5 倍。例如,SMA 沥青混合料在 ϕ101.6mm 的模具中需进行每面 50 次击实(两面共计 100 次),而在 ϕ152.4mm 的模具中每面需要击实 75 次(两面共计 150 次)。

图 3.1 美国马歇尔击实仪(ϕ101.6mm 模具)

图 3.2 中国马歇尔击实仪

美国和中国标准马歇尔击实仪具有相同的击实重量和击实高度,但击实锤的结构和形状却有所不同。如图 3.3 所示,与美国的圆柱形马歇尔击实锤相比,中国的马歇尔击实锤前后平直,左侧和右侧呈圆柱状。马歇尔击实锤与压头每次接触方式也不同。另外,中国标准马歇尔击实仪的压头在压实过程中可发生转动,试件模具在每次击实时是固定的。而美国马歇尔击实仪的压头在压实过程中是固定的,每次冲击后模具旋转90°。

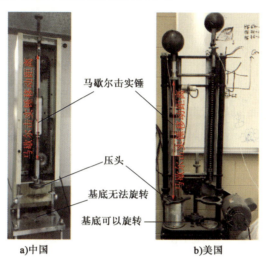

图3.3 马歇尔击实仪结构比较

本次试验通过在每种马歇尔击实仪的击实锤上放置一个加速度计来监测系统的动态响应,如图3.1和图3.2所示。该加速度计可检测每次击实的击实锤的加速度时程曲线,由数据采集系统来收集并传输到软件。该系统由4个模块组成,包括传感器、适配器、数据采集设备和管理软件(LabVIEW),如图3.4所示。本次试验中加速度计的最大量程为49050m/s²(5000g),误差范围为±1%(即±50g),采样频率设置为10000Hz。

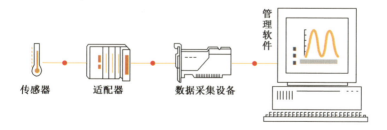

图3.4 数据采集系统

Superpave 旋转压实仪的转速为 30r/min，压实应力为 600kPa，旋转角度为 1.25°，以获得所有混合料的旋转嵌锁点。将试件在 150mm 的模具和 100mm 的模具中压实，并记录旋转压实过程中的高度变化。

3.1.3 嵌锁点判别方法

基于马歇尔击实仪测试得到的加速度响应数据来判别冲击压实嵌锁点，根据 Polaczyk 等提出的方法需要对每次冲击的加速度脉冲响应进行对比。图 3.5 中显示了由美国标准马歇尔击实仪所得沥青混合料 D 的第 1 次、第 50 次、第 100 次、第 108 次、第 125 次和第 150 次击实加速度脉冲信号。图 3.5 中，散点为数据采集系统收集的原始加速度响应数据，并进行 5 点均值进行平滑处理得到红色拟合曲线。Polaczyk 等指出按照加速度峰值与持续时间进行嵌锁点的判别，如图 3.5a)所示为第 1 次击实时的加速度峰值，为 370g，持续时间达 0.003s。随着击实次数的增加，第 108 次击实时，加速度峰值为 517g，持续时间减少到 0.0025s，如图 3.5d)所示。第 108 次击实后，加速度峰值在 488g～517g 之间范围内波动，且持续时间保持在 0.0025s 不变。根据 Polaczyk 提出的判别方法，将第 108 次确定为沥青混合料 D 的嵌锁点。然而，由于该方法必须通过比较每次击实的加速时间曲线来确定冲击压实嵌锁点，测试数据量较大，判别非常耗时，而且有误判的可能。

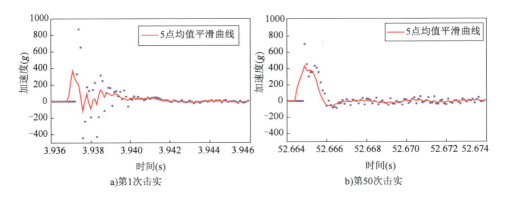

图 3.5

第3章 沥青混合料马歇尔冲击压实嵌锁点判定方法

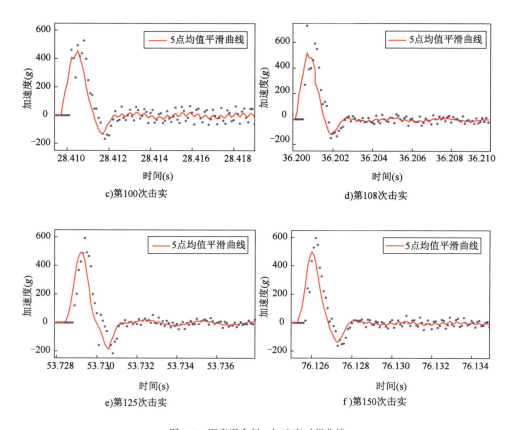

图3.5 沥青混合料D加速度时程曲线

对此，本次研究提出了一种修正的判别方法，即通过完整建立试件压实过程中的加速度峰值压实曲线，从加速度峰值随击实次数的变化趋势曲线进行判断，而非对比单次加速度峰值持续时间，这样能够更快速确定嵌锁点。

如图3.6a)所示为第109次击实到第110次击实的整个加速度数据，击实间隔时间为1s。通常，由于击实锤与试件钢垫接触的击实瞬间很短，而大部分时间内击实锤与试件钢垫是分离的。因此，图3.6b)提取了第109~110次击实过程中的冲击脉冲部分，其持续时间为3.725~3.785s。由于击实锤和钢垫之间的撞击会引起共振（锤不会直接撞击到试件表面），因此加速度数据会同时受到试件强度和结构噪声的影响。稳定噪声在$-14.87g$~$17.1g$的误差范围内波动，这在测量误差范围(±50g)内是可以接受的。本方法先通过5点均值对原始加速度数据拟合曲线获得每次击实的加速度峰值，然后通过对加速度峰值进行3点均值平滑拟合来建立趋势线，如图3.6c)所示。可以看出，试件的强度从开始到第75次冲击逐渐增加。图中由于进行了试件翻面击实，加速度峰值存在突降，而后迅速恢复，并最终在压实结束时达到稳定值。由建立的压实曲线可以很容易地确定出从第109次到第150次击实趋于稳定。因此，将第109次确定为该试件的嵌锁点。具体判别方法流程如图3.7所示。

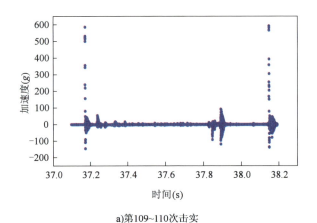

a) 第109~110次击实

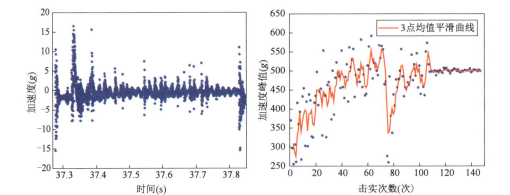

b) 第109~110次击实　　　　　　c) 混合料D

图3.6　判定冲击压实嵌锁点过程

第3章 沥青混合料马歇尔冲击压实嵌锁点判定方法

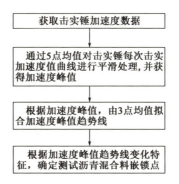

图 3.7 冲击压实嵌锁点判定方法流程

另外,计算第109次击实后稳定阶段加速度最大值(或最小值)与平均加速度差值作为加速度误差值,得到沥青混合料 D 在稳定阶段误差值范围为 $-11.79g \sim 7.48g$,这使得连续两次击打之间稳定段的误差范围($-14.87g \sim 17.1g$)变窄,并且在测量误差范围($\pm 50g$)内也是可以接受的。因此,可以确定第109次为冲击压实嵌锁点。

3.2 测试结果

3.2.1 基层沥青混合料(美国田纳西州)

根据上述提出的方法,对美国田纳西州基层沥青混合料 A、混合料 B、混合料 BM2 以及混合料 C 加速度实测值建立压实曲线,如图3.8所示。可以看出,随着击实次数的增加,平均加速度峰值最初前30次击实随击实次数增长迅速,然后呈现相对稳定增长,表明刚度略有增加。横坐标击实次数为双面击实次数,试件在击实翻面(75次或50次)时,由于加速度传感器本身原因,第二面的初始加速度峰值会有比较大的变化;此外,双面击实过程的加速度峰值整体变化趋势基本连续。根据所提方法可确定混合料 B、混合料 BM2 以及混合料 C 在压实结束前达到稳定状态,嵌锁点分别为第143次、第139次以及第128次。而图3.8中混合料 A 在压实结束时加速度峰值仍存在较大波动,因此很难获得其准确嵌锁点。

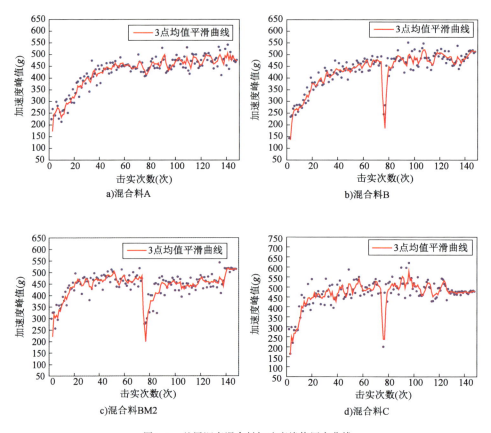

图 3.8 基层沥青混合料加速度峰值压实曲线

3.2.2 面层沥青混合料(美国田纳西州)

类似地,对美国田纳西州面层沥青混合料 D、混合料 E 和混合料 TLD 的加速度数据进行分析,如图 3.9 所示。可以看出,加速度峰值 3 点平滑曲线的趋势在初始快速增长后呈现出稳定的收敛平台。因此,沥青混合料 D 与混合料 E 的嵌锁点分别为第 109 次与第 102 次。混合料 TLD 的加速度峰值曲线在压实结束前仍存在波动,因此无法确定嵌锁点,这可能是由于试件制备过程中的问题所致。

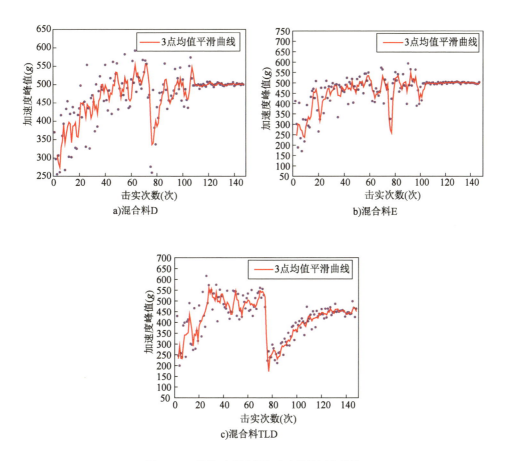

图 3.9 面层沥青混合料加速度峰值压实曲线

3.2.3 SMA沥青混合料(美国田纳西州)

由于SMA为骨架密实结构,因此该混合料的加速度压实曲线与前述基层和面层混合料压实曲线不同,如图3.10所示。SMA加速度压实曲线从最初阶段一直稳定持续增长,直到达到最终的稳定平台。SMA-13和SMA-19混合料可根据压实曲线确定嵌锁点,分别为第106次与第102次。然而,对于SMA-10混合料而言,由于压实曲线在压实结束前仍存在超过误差范围($\pm 50g$)的波动,无法识别其嵌锁状态。

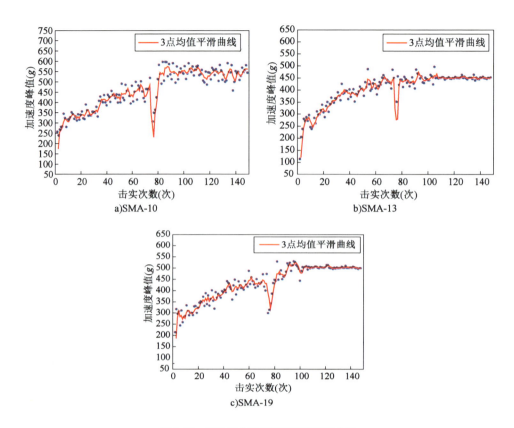

图 3.10 SMA 混合料加速度峰值压实曲线

表3.5中列出了各混合料在达到嵌锁点后的加速度峰值的误差分析结果。在嵌锁阶段,加速度峰值与加速度平均值之间的差确定了误差范围。表3.5中最大和最小误差值均在误差范围内。

加速度峰值误差范围分析　　　　　表3.5

沥青混合料	测试误差范围(g)	测试最大差值(g)	测试最大差值(g)
B	±50	4	−7
BM2	±50	5	−14
C	±50	105	−14
D	±50	75	−12

续上表

沥青混合料	测试误差范围(g)	测试最大差值(g)	测试最大差值(g)
E	±50	65	−7
SMA-13	±50	14	−10
SMA-19	±50	11	−9

为了进一步验证所提出方法对冲击压实嵌锁点判断的适用性,对冲击压实嵌锁点与不同尺寸试件旋转压实嵌锁点进行了比较,见表3.6。在本研究中,旋转压实嵌锁点被定义为试件第一次出现三个相同高度时的第一次旋转对应的次数,在此之前试件出现连续两组两个相同高度。表3.6中还包含了通过比较每个冲击脉冲来确定先前研究中的冲击压实嵌锁点的方法。由表3.6可见,改进方法确定的10种混合料中,有7种冲击压实嵌锁点接近于先前方法确定的冲击压实嵌锁点。在两种评估方法中,混合料A均无法达到嵌锁状态。修正后的方法则无法识别TLD和SMA-10混合料的嵌锁点,证明用先前的方法得到的结果存在误判。同样,观察到最大公称粒径越大,在粗集料骨架的形成中需要更多的压实功。

冲击压实嵌锁点与旋转压实嵌锁点相关性　　表3.6

沥青混合料	修正方法判别冲击压实嵌锁点(φ101.6mm模具)(次)	先前方法判别冲击压实嵌锁点(φ101.6mm模具)(次)	旋转压实嵌锁点(φ100mm模具)(次)	旋转压实嵌锁点(φ150mm模具)(次)
A	—	—	87	101
B	143	145	70	81
BM2	139	139	60	72
C	128	130	55	67
D	109	108	40	52
E	102	104	36	47
TLD	—	96	29	42
SMA-10	—	102	42	89

续上表

沥青混合料	修正方法判别冲击压实嵌锁点(φ101.6mm模具)(次)	先前方法判别冲击压实嵌锁点(φ101.6mm模具)(次)	旋转压实嵌锁点(φ100mm模具)(次)	旋转压实嵌锁点(φ150mm模具)(次)
SMA-13	106	104	48	94
SMA-19	102	105	54	99

采用φ100mm和φ150mm模具进行旋转压实的SMA(密级配结构)和其他混合料(悬浮密级配结构)试件判别得到的嵌锁点具有很强的线性相关性,如图3.11a)所示。根据所提方法判别得到的马歇尔击实试验冲击压实嵌锁点与旋转压实试验得到的旋转压实嵌锁点同样具有很好的线性相关性,如图3.11b)所示。需要说明的是,这里由于本次试验中SMA仅有两个数据组,因此无法进行相关性分析。

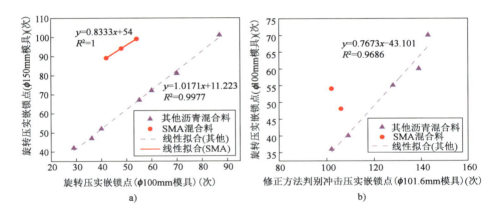

图3.11 不同压实仪嵌锁点对比

3.2.4 马歇尔击实试验(中国上海)

本研究中,还采用中国马歇尔击实仪对4种典型沥青混合料进行试验,并获取了加速度峰值压实曲线,结果如图3.12~图3.15所示。其中,标准马歇尔击实试验与大型马歇尔击实试验均采用了相同类型的混合料进行压实比较。

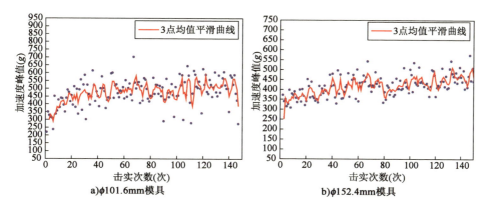

图3.12 AC-25C马歇尔击实加速度峰值压实曲线

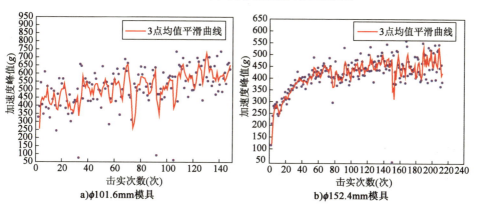

图3.13 AC-20C马歇尔击实加速度峰值压实曲线

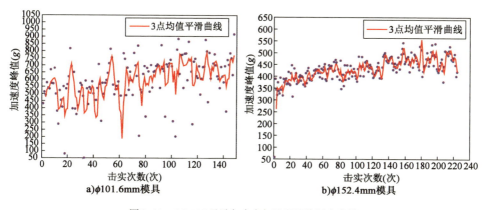

图3.14 AC-13C马歇尔击实加速度峰值压实曲线

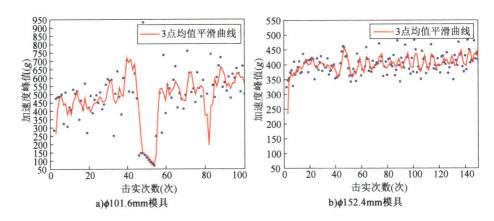

图 3.15 SMA-13C 马歇尔击实加速度峰值压实曲线

与美国田纳西州沥青混合料压实加速度峰值压实曲线相比,中国的混合料压实加速度峰值结果同样显示出类似的变化总体趋势,然而直到最终压实结束时仍没有收敛,存在较大波动。同种沥青混合料试件,ϕ152.4mm 模具的大型马歇尔击实仪试验加速度峰值的离散性比 ϕ101.6mm 模具的马歇尔击实仪试验加速度峰值明显要小,但仍无法判别两类结果的冲击压实嵌锁点。

针对 4 种不同沥青混合料的标准马歇尔击实过程,最大公称粒径较大时,加速度峰值曲线相对波动性较小。大型马歇尔击实过程中,离散点整体离散性较小。横坐标击实次数为双面击实次数,试件在击实翻面(75 次或 50 次)时,第二面的初始加速度峰值会有比较大的变化。此外,双面击实过程的加速度峰值整体变化趋势基本连续。

3.3 结果分析及讨论

综上所述,采用改进的方法来判别沥青混合料的冲击压实嵌锁点是实用且有效的。对于美国田纳西州的沥青混合料,冲击压实嵌锁点受混合料的公称最大粒径影响。最大公称粒径较小的沥青混合料因为具有较高的沥青含量,导致沥青润滑作用增强,因而在同样的压实功作用下更易达到嵌锁状态,其嵌锁点可以通过修正的方法快速识别。然而,本次试验中存在 3 个例外,分别为混合料 A、混合料 TLD 和混合料 SMA-10。其中,混合料 A 的最大公称粒径大于25.4mm,而当压实试件模具尺寸为ϕ101.6mm规格时,该模具可能无法容纳较大粒径的集料,而随着击实次数的增加,集料颗粒易产生破碎而无法达到咬合嵌锁状态,导致在压实最后阶段试件强度仍会发生变化。而面层沥青混合料TLD和SMA-10在试验中也无法判别嵌锁点,可能是由于面层沥青混合料属于悬浮密级配易于压实,冲击压实并不适用于面层沥青混合料。因此,在压实后期,冲击压实可能会造成面层混合料过度压实,并破坏混合料的结构。尽管如此,仍应进一步研究体积参数与刚度参数之间的关系。

对于中国沥青混合料马歇尔击实试验,大型马歇尔击实试验测试加速度峰值压实曲线比标准马歇尔击实试验测试结果波动小。这表明在压实过程中大型马歇尔击实仪的结构噪声影响更小,这可能由于大型马歇尔击实仪的试件模具更大,可包含颗粒的数量更多,粒径更大,并且具有较大的表面积,这有助于减少结果变异性。然而,无论标准马歇尔击实仪还是大型马歇尔击实仪所获取的加速度峰值压实曲线均无法进行嵌锁点判别,考虑到中国马歇尔击实仪和美国马歇尔击实仪之间的差异,可能是由于落锤到底板的距离不同或锤子形状的不同,这可能导致在撞击过程中加速度计的信号噪声干扰增强。

本次研究提出的基于动态响应的沥青混合料冲击压实过程嵌锁点判定方法适用于美国标准马歇尔击实试验的多数混合料,沥青混合料最大公称粒径范围宜为12.5~25.4mm。小于12.5mm最大公称粒径混合料可能在冲击压实过程中达不到嵌锁状态。大于25.4mm最大公称粒径混合料的情况下,采用ϕ152.4mm模具美国大型马歇尔击实仪来测试,验证该判定方法的实用性。中国马歇尔击实仪无论是标准型还是大型,由于构造的不同,导致试验过程加速度计采集的数据受到影响较大,无法达到美国马歇尔击实仪离散性较小的结果,故目前仍无法用该修正方法来准确判断压实嵌锁点。因此,在将来的研究中,可从以下几个方面改进马歇尔击实试验来提高混合料嵌锁点判定的准确性:①优化加速度计的安装方法以减少噪声;②沥青黏合剂的种类;③集料级配;④压实温度和沥青含量;⑤嵌锁点与机械性能的相关性。

3.4 小结

研究基于沥青混合料马歇尔击实试验冲击动态响应数据,提出了一种修正的冲击压实嵌锁点判定方法,开展了沥青混合料压实试验验证该方法的适用性。根据试验测试加速度峰值结果,对所提方法与已有研究方法判别嵌锁点结果进行了比较和分析,主要结论如下:

(1)改进的方法可以有效地根据试件的加速度峰值变化确定冲击压实嵌锁点。

(2)对于各类沥青混合料(不包含SMA),冲击压实嵌锁点与旋转压实嵌锁点表现出很强的线性相关性。

(3)混合料A、混合料TLD和混合料SMA-10在压实后期仍无法达到嵌锁点,这表明最大公称粒径对混合料达到压实咬合状态起着至关重要的作用。

(4)在压实过程中,中国沥青混合料马歇尔击实试验测试加速度峰值压实曲线呈现出波动趋势,噪声干扰严重,无法判别其嵌锁点,应该对中国马歇尔击实仪进行进一步的改进研究来提高混合料嵌锁点判定准确性。

第4章 模拟振动压路机作用机理的室内组合成型方法

目前,沥青混合料室内常用成型方式主要有静压、轮碾压实、马歇尔击实和旋转压实。不同成型方式最终都是为了更好地去模拟现场摊铺压实过程以及开放交通后荷载作用效果,从而设计出满足实际路用性能的路面材料。针对沥青混合料配合比设计,目前广泛采用的方法主要集中在马歇尔法和Superpave旋转压实设计方法。设计的目标都是成型一个试件,使其与经历设计使用期限荷载作用后的实际路面空隙率达到一致。1939年,美国密西西比州公路局Bruce Marshall首次提出马歇尔法。随后,经美国陆军工程兵改进后被美国材料试验协会(American Society for Testing and Materials, ASTM)列入标准(ASTM D1559)并推广。马歇尔击实仪具有易操作、费用低以及便携的优点。20世纪70年代开始,我国公路行业采用马歇尔法作为沥青混合料配合比设计的标准,沿用至今。然而,马歇尔法主要模拟现场冲击压实过程,随着交通组成的变化(重载、超载等现象严重,交通量增长迅速)、施工工艺及设备的不断革新,马歇尔击实法已经不能很好地模拟现场压实过程中沥青混合料的受力状态以及作用机理。研究证明,马歇尔试件与现场芯样性能指标相关性差,且由于冲击作用引起的集料破碎会导致级配的改变。鉴于马歇尔法的不足,SHRP(1987—1992年)提出Superpave旋转压实设计法取代维姆法和马歇尔法。Superpave旋转压实仪被用来更好地在室内模拟现场路面压实过程并减少压实过程的集料破碎。现有研究从力学特性及空隙率等体积参数对比来看,Superpave旋转压实法被认为最接近现场压实效果。旋转压实仪以一定的旋转角度对沥青混合料试件进行压实,产生的竖向应力和水平剪力可以很好地模拟现场揉搓效果。但是,与现场振动压实过程相比,旋转压实并不能提供动作用力,缺少了动摩擦力减小而产生的集料颗粒重新定向排列的效果。

为了模拟现场振动压路机压实过程,国内外学者也利用沥青振动压实仪进行了科学研究。然而,沥青振动压实仪尚未在混合料配合比设计中广泛推广应用。原因可能是:①现有沥青振动压实仪属于垂直振动(该设备安装有两台同步反向旋转电动机以抵消水平方向激振力),很难使沥青混合料达到一个高水平的压实密度;②振动压实作用机理不能很好地模拟现场的揉搓压实作用,故振动成型试件与现场芯样差别较大。吴文亮等基于CCD数码相机拍摄图像对不同成型方式下沥青混合料试件均匀性研究发现:旋转压实试件均匀性最好,轮碾成型试件次之,马歇尔击实试件再次之,振动成型试件均匀性最差。

综上,目前室内沥青混合料成型方式仍有进一步的提升改造空间。为了让室内成型试件与现场芯样更加接近,本研究结合旋转压实仪,将改造研发一台沥青振动压实仪。模拟现场压路机施工工艺,沥青混合料试件可以在通用模具中实现旋转压实和振动压实任意切换组合。最终成型试件和现场芯样将利用3D扫描及图像分析技术进行对比评价。基于横向和径向切面空隙率分布、空隙尺寸分布等体积特征,验证新设备成型效果优于旋转压实且更接近现场,为后续室内试验研究的深入开展打下坚实基础。

4.1 材料、设备和试验方法

4.1.1 材料

本次研究依托S7公路(月罗公路—宝钱公路)新建工程主线工程路面及附属工程,研究对象为上面层SMA-13沥青混合料。为了与现场压实效果进行更好的对比,本次室内试验统一采用生产配合比沥青混合料。原材料具体采用各项指标如下。

(1)沥青。

上面层采用SBS改性沥青(I-D型),沥青技术指标按照《公路沥青路面施工技术规范》(JTG F40—2004)中的规定执行,见表4.1。

改性沥青的技术指标 表4.1

检测项目		单位	技术要求	检测结果	试验方法
针入度(15℃)		0.1mm	—	26	T 0604
针入度(30℃)		0.1mm	—	77	T 0604
针入度(25℃)		0.1mm	40~60	53	T 0604
针入度指数PI		—	≥0	1.56	T 0604
延度(5℃,5cm/min)		cm	≥20	36	T 0605
软化点		℃	≥60	83.0	T 0606
布氏旋转黏度(135℃)		Pa·s	≤3.0	2.02	T 0625
弹性恢复率(25℃)		%	≥75	95	T 0662
薄膜加热试验	质量变化	%	-1.0~+1.0	-0.106	T 0609
	针入度比(25℃)	%	≥65	79	
	延度(5℃,5cm/min)	cm	≥15	17	

(2)粗集料。

SMA混合料中粗集料采用玄武岩,粒径应大于4.75mm;普通密级配沥青混合料面层采用石灰岩,粒径大于2.36mm。所有集料均采用反击式破碎机轧制生产的碎石,生产过程中严格控制针片状颗粒含量和含泥量。技术指标按照《公路沥青路面施工技术规范》(JTG F40—2004)中的规定执行。

(3)细集料。

细集料采用石灰岩石屑。细集料要求洁净、干燥、无风化、无杂质,并有适当的颗粒级配。细集料质量技术指标按照《公路沥青路面施工技术规范》(JTG F40—2004)中的规定执行。

(4)填料。

填料采用石灰岩磨细的矿粉,原石料中的泥土杂质应除净。矿粉应干燥、洁净、能自由地从矿粉仓流出,拌和机回收的粉料不得用于拌制沥青混合料,以保证沥青面层的质量。矿粉质量要求按照《公路沥青路面施工技术规范》(JTG F40—2004)中的规定执行。

(5)纤维。

SMA-13中纤维采用木质絮状纤维。木质纤维素的掺量为沥青混合料总量的0.3%~0.4%。木质素纤维应在250℃的干拌温度下不变质、不发脆,必须在混合料拌和过程中能充分分散均匀。技术指标按照《公路沥青路面施工技术规范》(JTG F40—2004)中的规定执行。

(6)沥青混合料。

根据生产配合比要求生产后,从拌和站内进行取样,成型马歇尔试件、抽提试验等检测各项混合料技术指标,具体见表4.2。

标准马歇尔试件测试指标　　　　　表4.2

试验指标	单位	SMA-13(SBS)
流值	mm	3.1
毛体积相对密度	—	2.493
马歇尔稳定度	kN	7.22
浸水残留稳定度	%	89.9
冻融劈裂抗拉强度比	%	86.3
肯塔堡飞散损失(标准)	%	4
谢伦堡沥青析漏	%	0.04
沥青含量	%	5.6
动稳定度(60℃)	次/mm	5290

(7)生产配合比设计。

沥青混合料采用以下生产配合比进行生产,数据见表4.3。

SMA-13(SBS改性沥青)沥青混合料生产配合比(%)　　　　表4.3

规格	热料仓			矿粉	沥青用量	木质纤维素
	0~3mm	5~10mm	10~15mm			
SMA-13	18	22	50	10	5.6	0.3

4.1.2 振动压实设备及参数

4.1.2.1 国外沥青振动压实仪

美国主要采用路面技术公司(Pavement Technology Inc.)生产的沥青振动压实设备(Asphalt Vibratory Compactor, AVC)来模拟现场振动压路机压实过程。该设备如图4.1所示,具体参数为:固定振动频率60Hz,静态压应力413.64kPa。振动作用力由连接在振动压头上的两个振动电机产生。每台振动电机可提供

445～7126N 的激振力,两台振动电机产生的压实应力为 23.7～358kPa。该设备匹配两套压头和模具:一套为常规圆柱形模具,用来模拟纯振动压实;另一套为矩形模具配汽胎压头,用来模拟揉搓及振动压实。另外,设备下方还配置了自动脱模装置。

图 4.1　沥青振动压实仪

4.1.2.2　国内振动压实仪

我国尚未有标准的沥青振动压实仪,目前可查到的相关发明专利有两项,但并未有相应专利实物设备报道及相关文献资料。国内市场几乎没有沥青振动压实仪可供采购,研究人员仅采用自制研发的振动压实仪进行一些研究。图 4.2 为长安大学特殊地区公路工程教育部重点实验室垂直振动压实仪结构及其工作原理示意。该设备静压力由上下车自重来调整,电机带动两中轴对称偏心块同步反向按一定频率旋转,水平激振力抵消,垂直激振力叠加,对试件进行垂直振动压实。国内沥青混合料压实多采用该设备,同时,该设备也可用于水泥稳定碎石振动压实试验。

图 4.3 为长沙理工大学公路养护技术国家工程实验室 ZY-4 型振动压实成型机,其工作参数为:振动频率为 28～30Hz,激振力为 6.8～6.9kN,静压力为 1.9kN(1±10%)(可调),适用模具尺寸为 400mm×100mm×100mm 和 ϕ152.4mm×170mm。与美国沥青振动压实仪一样,该设备也匹配了两套成型模具和压头,不同的是,矩形模具匹配的是钢轮压头且无自动脱模装置。该设备由于静压力较小,主要用于土基和水泥稳定碎石振动压实研究。经测试,沥青混合料压实效果不佳。

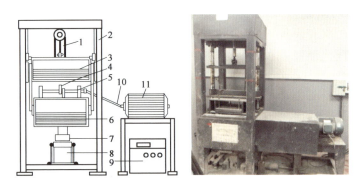

图4.2 垂直振动压实仪结构及工作原理示意图

1-升降系统;2-机架;3-上车系统;4-偏心块;5-转动轴;6-下车系统;7-振动锤;8-试模;9-控制系统;10-振动轴;11-电机

图4.3 ZY-4型振动压实成型机

4.1.2.3 沥青振动压实仪参数选择

研究发现,振动设备影响压实效果的主要参数有激振力、振动频率、名义振幅以及振动时间,现场振动压实还应考虑压路机行进速度等参数。在摊铺压实现场,振动压路机是利用自身重量与振动产生的冲击力共同作用压实路面,多用来进行沥青面层的复压,根据美国的规定振动频率应在33~50Hz范围内。我国《公路沥青路面施工技术规范》(JTG F40—2004)中规定振动频率宜为35~50Hz,振幅宜为0.3~0.8mm。国内对振动压路机研究表明:在25~50Hz频率范围内,压实效果变化比较平稳;而振幅增加1倍时,压实效果变化更加明显。

在沥青混合料室内振动成型试验中,研究人员也给出了振动压实可采用的合理建议参数。哈尔滨工业大学解晓光等比较了马歇尔击实法与振动压实法成型工艺,建议悬浮密实型和松排骨架密实型沥青混合料继续采用马歇尔击实标准,而紧排骨架密实型沥青混合料采用振动压实标准,并推荐了沥青混合料振动压实工艺最佳参数。长沙理工大学魏建国等对比了不同成型方法的沥青碎石混合料性能,发现足够的振动时间才能让ATB-30沥青混合料达到设计压实要求。长安大学王天林等证明了振动压实法比马歇尔击实法更适合用来评估沥青混合料的力学性能。同时发现,振动时间相同,频率在35~45Hz时,沥青混合料密度变化不明显。而采用振动成型与现场所能达到最大密度相等所需振动时间分别为100s(大试件直径150mm;高度95.3mm)和60s(小试件直径100mm;高度63.5mm)。

综上,沥青振动压实仪推荐采取的压实参数指标见表4.4。

室内振动压实参数统计　　　　　　　　　　　表4.4

参数	解晓光等	魏建国等	王天林等	Pavement Technology Inc.
激振力 F_0(kN)	5	6	—	0.89~14.25
振动频率 f(Hz)	30	45	37	60
名义振幅 A_0(mm)	0.794	0.476	1.2	—
振动时间 T(s)	—	50~80	40~100	—
静态压应力(MPa)	0.55~4.40	—	0.164	0.414
动态压应力(MPa)	—	—	—	0.024~0.36

4.1.3　组合成型设备改造方案

设备改造方案分为两个:方案一,参照美国振动压实仪,自主研发一台振动压实仪[图4.4a)],改造振动压实仪成型模具与旋转压实仪模具可通用,组合成型可结合两台压实设备共同完成;方案二,在PINE设备公司生产的旋转压实仪上进行振动改造[图4.4b)],振动和旋转压实成型在一台设备上完成。两个方案中,振动系统主要参数为:振动频率0~60Hz,两台电机激振力2.6~26kN,气缸压强0~0.8MPa。静压力由气缸和振动系统自重产生,并可通过空压机来调节气缸压强大小。两台电机同步反向旋转以抵消水平激振力,最终保证垂直方向激振力。激振力大小可通过电机内部质量片或者调频器来调整。控制箱设置定时、延时以及调频等装置。两方案主要不同在于:方案一改造成本较低,试件成型过程中,模具需在两台设备间切换安装使用,对压实温度损失有一定影响。但该振动压实设备可配套所有类型旋转压实仪(如上部旋转和下部旋转压实仪)来组合使用。方案二改造成本较高,试件成型过程不用切换模具,保温效果较好,操作更方便。但该改造仅适用于旋转压头在设备下部的旋转压实仪。

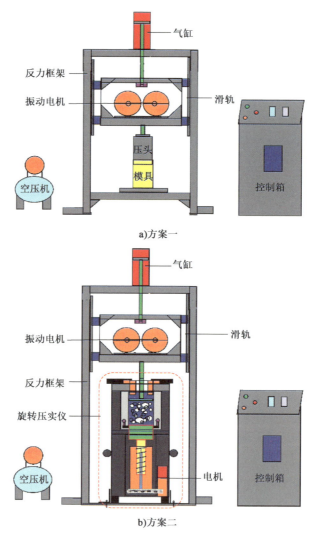

图4.4 组合成型设备改造设计图

第4章 模拟振动压路机作用机理的室内组合成型方法

设备改造过程中,圆周振动压实仪(图4.5)也被进行了探索对比。结果发现,激振力13kN的电机最终能传递到试件的动作用力最大只有0.85kN,根本无法达到压实沥青混合料的效果。从圆周振动压实仪工作原理来看,单个电机通过内部偏心质量块的高速旋转产生振动,将产生的激振力传递给被压实材料,但水平分力无法抵消导致设备横向振动剧烈,对垂直振动分力的向下传递影响很大。对比发现,垂直振动具有能量利用率高、压实效果好、能量损失小等优点,更有利于路面的压实。因此,本书选择垂直振动作为振动压实成型方案。

a)圆周振动压实仪　　　　b)手持压力计

图4.5　圆周振动压实仪

4.1.4　改造设备试验参数取值

(1)振动频率。

由既有研究成果指出在25~50Hz频率范围内,压实效果变化不大,本次室内试验振动频率与现场振动压路机取值一致,即48Hz。

(2)静压力、激振力及名义振幅A_0。

通过调节气缸气压参数,同时用手持压力计标定对应静压力值,如图4.6所示。对比改造设备振动压实效果,本书初步选定静压力10kN,对应气压值690kPa,名义振幅0.3mm,高频低幅参数组合。激振力可通过调整振动频率或电机偏心片来选择,本次激振力取偏心片对应100%时对应值。测试过程发现,静压力大小对振动压实有较大影响。

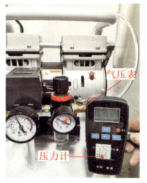
a)静压力标定

b)压力计测试

c)旋转和振动压实通用模具

d)偏心片调节

图4.6 静压力及激振力调试

振动压路机的名义振幅 A_0 与外部作用条件无关,其大小可按下列公式来计算:

$$A_0 = M_e/M_d \tag{4.1}$$

$$M_e = m_0 r_0 \tag{4.2}$$

$$F_0 = M_e \omega^2 \tag{4.3}$$

$$\omega = 2\pi f \tag{4.4}$$

式中:M_e——激振器的静偏心矩(kg·m);

M_d——压路机的参振质量(kg);

m_0——偏心块质量(kg);

r_0——偏心块的偏心距(m);

F_0——激振力(N);
ω——转速(rad/s);
f——频率(Hz)。

(3)振动时间 T 及旋转次数。

为确保不同成型方式试件的可比性,本次研究振动压实、旋转压实及组合压实试件目标空隙率均应接近现场芯样空隙率,本书按7%±0.5%控制。组合振动时间选取三组:20s、40s和60s。目标空隙率试件对应旋转次数,根据至少3组平行试件平均值确定。

4.1.5 现场施工过程模拟

4.1.5.1 现场施工工艺

参照S7公路(月罗公路—宝钱公路)新建工程沥青路面首件施工总结,主线工程路面及附属工程SMA-13(SBS)碾压顺序如下。

初压:紧跟摊铺机之后前进静压一遍(从动轮在前,驱动轮在后),静压时,轮迹要求重叠2/3轮宽。

复压:在初压完成后紧接着用1台双钢轮压路机,振动碾压3遍。

终压:一台双钢轮压路机碾压,1~2遍(静压),碾压至无轮迹。

在摊铺碾压过程中随时检测混合料的施工温度,见表4.5。现场摊铺压实施工采用的主要设备见表4.6。

摊铺施工温度要求　　　　　　　　　　　　　　表4.5

项目	SMA-13(SBS)	技术要求
到场温度(℃)	168~176	≥160
摊铺温度(℃)	164~173	≥150

现场摊铺压实施工主要设备　　　　　　　　　　表4.6

设备名称	型号	关键参数	单位	数量
沥青混合料摊铺机	沃尔沃ABG8820B	宽幅3~6m	台	1
沥青混合料摊铺机	沃尔沃DF145CS	宽幅3~12m	台	1
沥青混合料摊铺机	三一SAP120C-8	宽幅2.5~12m	台	1

续上表

设备名称	型号	关键参数	单位	数量
双钢轮筒式压路机	悍马HD O128V	吨位13t	台	1
双钢轮筒式压路机	戴纳派克CC624HF	吨位14t	台	2
双钢轮筒式压路机	戴纳派克CC622	吨位13t	台	1
串联式压路机	悍马HD O120V	吨位13t	台	1
小型双钢轮压路机	沃尔沃25B	吨位2.5t	台	1

4.1.5.2 室内试验模拟

(1)旋转压实试件选择。

旋转压实试件高度范围一般为110~164mm,能满足成型试件对各种测试的要求(如罩面层测试、动态模量、重复加载永久变形等)。本次成型试验选取SMA-13沥青混合料,选择直径150mm模具成型,为验证本次振动加旋转组合成型效果对研究范围内高度都能适用,本次选取最大高度164mm及标准高度115mm。为便于同现场芯样作对比,试件目标空隙率设定与现场施工验收要求空隙率一致,即7%±0.5%。通过三组旋转压实试件平行试验,记录压实过程高度并测量空隙率后,确认达到高度164mm试件目标空隙率需要平均旋转次数为40次,单个试件质量均取6.9kg。

(2)试验设计。

通过对现场取芯并结合现场施工经验可知,摊铺完成对应芯样空隙率约为13%,初压完成对应芯样空隙率为11%左右。参照旋转压实过程试件空隙率的变化过程,可以推测摊铺完成相当于试件旋转压实8~9次,第一次初压完成则相当于旋转压实12次。旋转和振动组合成型过程参照S7公路施工工艺及压实功来分别设计不同振动时间和旋转次数组合,见表4.7。室内所有成型试件均做3个平行试验测试空隙率对比后,每组成型方式选取1个试件做3D扫描图片分析。同时,现场刚摊铺压实完一天后的路面取芯,路基段SMA-13面层及桥梁段SMA-13面层取芯,选择压实合格芯样做3D扫描图片分析。最后,对比室内成型试件及现场芯样横向切面和径向切面空隙率及空隙率尺寸分布情况,验证组合成型方法是否与现场芯样空隙特征更为接近。

室内成型试件及现场芯样详表　　　　　表4.7

试件	质量（kg）	成型方式			平均实测空隙率（%）
		旋转压实次数或高度	振动压实时间（s）	旋转压实高度（mm）	
A	4.8	115mm	—	—	6.9
B	4.8	12次	20	115	7.0
C	4.8	12次	40	115	6.9
D	4.8	12次	60	115	7.1
E	6.9	—	90	—	7.1
F	6.9	164mm	—	—	7.2
路基芯样	—	—	—	—	7.4
桥面芯样	—	—	—	—	7.3

4.1.6　三维扫描分析

针对沥青混合料的二维或三维CT分析和DEM建模,细观体积特征的研究方向主要集中在空隙率分布、空隙尺寸分布、集料排列分布等方面。研究发现,3D扫描分析计算的空隙率更接近实测空隙率,旋转压实成型试件中间空隙率分布均匀,两端空隙率大。L. F. Walubita等利用X光CT分析对比了旋转压实试件(直径150mm、高110mm或164mm)及现场芯样空隙率及空隙尺寸分布特征,结果发现:高164mm的旋转压实试件空隙率和空隙尺寸分布更不均匀,现场芯样显示出两端空隙率大、中间空隙率较均匀的分布特征。

为更好地对比室内成型试件与现场芯样区别,本次研究借助3D扫描技术,对其内部空隙特征进行横向和径向对比。

4.1.6.1　3D扫描设备

本次试件及芯样测试所用仪器为天津三英精密仪器股份有限公司生产的nanoVoxel4000系列高分辨率扫描设备,如图4.7所示。该仪器具备二级光学放大的技术特色,最高分辨率可达 0.5μm,进行高质量成像获得样品内部真实三维结构,提供了全新的高分辨率 3D 无损检测解决方案。

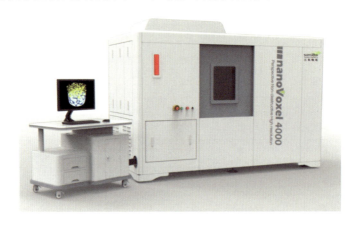

图 4.7　3D 扫描设备

4.1.6.2　检测原理

高分辨率工业 CT 是利用微焦点射线源发射的锥形 X 射线穿透物体后投影到探测器上,同时让样品相对射线源、探测器进行 360°旋转,采集上千帧 X 射线衰减的图像。然后,利用计算机断层扫描成像重构方法进行 3D 重构,从而得到样品三维的立体模型。高分辨率 CT 特点为:无损、透视、高分辨、三维成像,可以在无损情况下通过大量的图像数据对很小的特征进行展示及分析。

CT 图像反映的是 X 射线在穿透物体过程中能量衰减程度的信息,在宏观研究尺度上,样品内部结构的相对密度与 CT 图像的灰度呈正相关。

4.1.6.3　数据重建

使用重构软件 VOXEL STUDIO RECON 对扫描数据进行算法重构及图像校正和处理。由于样品 3D 扫描时为稍倾斜摆放,重构时,还需要对数据姿态进行校正处理,最终导出 raw 格式的 CT 扫描数据文件。数据加载后,软件自动重建(利用 FDK 算法重构),并根据设置条件调整样品姿态。操作界面如图 4.8 所示。

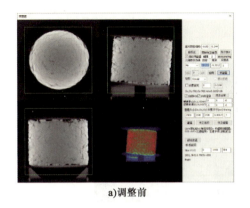
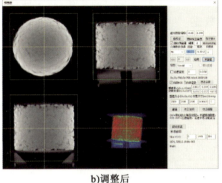

a) 调整前   b) 调整后

图4.8　三维重构及调整界面

4.1.6.4　数据分析

利用 Avizo 图像处理分析软件对样品扫描重构后的数据进行去噪等预处理,然后进行径向和横向空隙分布特点分析。现场芯样与室内成型试件尺寸大小存在较大差别,扫描最高分辨率受3D扫描设备功率等影响也有不同。本次研究现场芯样的CT扫描分辨率最高为40μm,而室内成型试件的CT扫描分辨率最高为60μm。具体空隙分布分析过程如下:

(1)预处理。

首先对数据进行裁切,去除重建时保留的边缘空气部分。由于样品直径较大,图像有射线硬化现象(边缘偏亮,中心偏暗),利用Avizo中提供的射线硬化校正模块进行处理,然后利用中值过滤算法进行去噪,去除图像中异常亮或暗的噪点。

(2)空隙率分析。

数据预处理后,依次进行体编辑(Volume Edit)、阈值分割(Interactive)、蒙板处理(Mask)获得目标区域(图4.9),然后进行空隙率计算(Volume Fraction)。这期间通过对试件空隙覆盖情况的观察和三维空隙率均值数据的计算对比,确定合适的灰度阈值。

对于横向切面,取定100μm层距,先进行重采样(Resample)处理,之后依次进行体编辑、阈值分割、蒙板处理和空隙率计算,获得横向切面空隙率分布数据。对于径向切面,由于软件无法自动生成,需要人工逐个提取处理,工作量巨大,故本次选择1mm层距进行阈值分割和空隙率计算,获得径向切面空隙率分布数据。

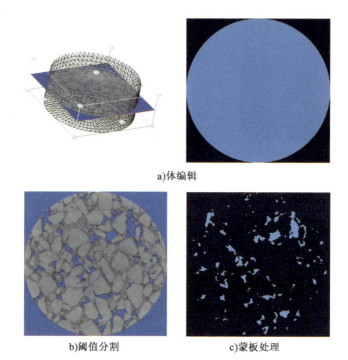

图4.9 空隙率分析过程

(3)空隙大小分析。

依次进行阈值分割、标签分析(Label Analysis),计算横向切面和径向切面各层的空隙平均直径(MeanEpdiameter),如图4.10所示。横向和径向切面中,不同颜色(红色、橙色、黄色、绿色、蓝色、青色、粉红色等)代表不同尺寸范围空隙大小。

二维空隙平均直径计算参照下列公式:

$$D = \sqrt{4 \times A/\pi} \tag{4.5}$$

式中:D——空隙平均直径(mm);

A——横向或径向切面空隙面积(mm^2)。

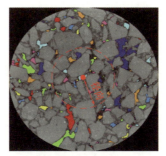

a)横向切面空隙分布

b)径向切面展开空隙分布

图 4.10　横向和径向切面空隙分布

4.2　结果分析及讨论

4.2.1　现场芯样空隙分布特征

4.2.1.1　横向切面空隙率及空隙数

图 4.11 为现场桥面芯样和路基芯样横向切面(间隔 0.1mm)沿高度方向空隙率分布曲线。纵坐标横向切面高度为 0 时对应芯样上表面,依次对应芯样高度。横坐标为各个横切面对应空隙率。现场原芯样由上面层 SMA-13 和下面层 AC-20C 沥青混合料组成,由于层间界限不清晰,本次上面层芯样均按保留 4cm 设计厚度来切割。从桥面芯样横向切面空隙率分布曲线来看,很明显存在如蓝色虚线标记的上面层和下面层分界线,分界线以上为 SMA-13,以下为 AC-20C。路基芯样未有明显的上面层和下面层分界线,本次均按 SMA-13 考虑。桥面芯样为水平振动压路机压实成型,可以看出,芯样上、下部空隙率大;中间空隙率较为均匀,大小在 3%～6% 之间波动。路基芯样为垂直振动压路机压实成型,芯样上部空隙率明显较大,中部空隙率在 4%～8% 范围波动。下部空隙率未见

较大值,表明该芯样上面层厚度应大于4cm,这是由施工厚度不均匀造成的。芯样两端空隙率大的原因主要有两点:①温度离析。上面层材料摊铺压实过程中,底面温度受下面层温度影响,上面温度受环境和压路机钢轮影响。②压路机压实功分布不均匀。压实功作用于压实层表面,随深度增大而减小。

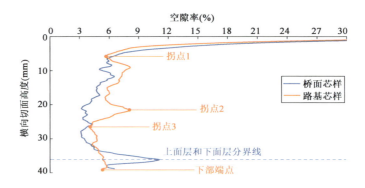

图4.11 桥面和路基芯样横向切面空隙率分布曲线

另外,路基芯样横向切面空隙率分布曲线中,拐点1和拐点2之间、拐点3和下部端点之间可能存在较明显的集料颗粒沿高度方向离析现象。对比桥面芯样和路基芯样横向切面空隙率分布情况发现,整体上,路基芯样中部空隙率比桥面芯样要大,且更不均匀。原因可能与下面层刚度以及压路机振动方式有关。

图4.12为桥面芯样和路基芯样横向切面(间隔0.1mm)沿高度方向空隙数分布曲线。可以看出,大体上空隙数分布曲线形状和对应空隙率分布曲线形状基本一致。桥面芯样中部切面空隙数分布较为均匀,且整体均较路基芯样少。

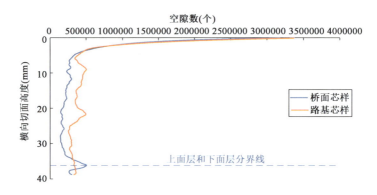

图4.12 桥面和路基芯样横向切面空隙数分布曲线

4.2.1.2 横向切面空隙尺寸

图4.13为桥面和路基芯样横向切面空隙尺寸分布曲线,两芯样中部空隙尺寸较两端较为均匀,且路基芯样空隙尺寸整体比桥面芯样大。

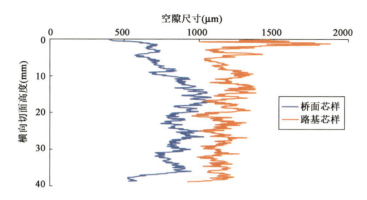

图4.13 桥面和路基芯样横向切面空隙尺寸分布曲线

4.2.1.3 径向切面空隙率及空隙尺寸

图4.14为桥面和路基芯样径向切面空隙率分布曲线。图中,横坐标为径向切面(间隔1mm)空隙率,纵坐标为径向切面半径。可以发现,桥面和路基芯样径向切面空隙率分布无明显可对比特征。原因在于压路机施工时,路面材料侧面边界条件与室内试验模具不同,空隙率沿芯样径向切面并不能体现出明显差别。

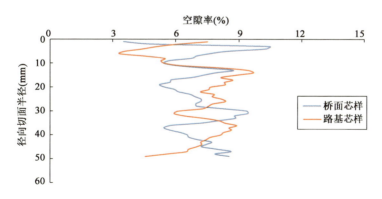

图4.14 桥面和路基芯样径向切面空隙率分布曲线

图4.15为桥面和路基芯样径向切面空隙尺寸分布曲线。同理,可以发现,在红色虚线框内,桥面芯样径向切面空隙尺寸明显比路基径向切面空隙尺寸小,即可验证桥面芯样压实效果较好。

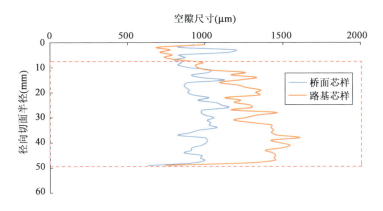

图4.15 桥面和路基芯样径向切面空隙尺寸分布曲线

4.2.2 室内成型试件空隙分布特征

4.2.2.1 横向切面空隙率及空隙数

图4.16为室内SMA-13沥青混合料试件A~试件D横向切面空隙率分布曲线。整体上,空隙率沿试件高度从上到下呈侧U形,两头空隙率大,中部空隙率小。中部空隙率大多集中在3%~6%,分布较为均匀。室内试件两头空隙率大的原因主要也是两点:①混合料及温度离析;②试件两头金属压头或底座边界限制了集料的运动范围,从而削弱了该部位的压实效果。从试件A~试件D在空隙率分布曲线上很难直观比较压实效果好坏。中部空隙率分布特点明显与桥面芯样空隙率分布相似。虽然试件或芯样成型的振动方式并不相同,但振动的效果都是减小集料之间的内摩擦力,增加集料运动重新排列。因此,导致这种相似性的原因很可能跟下面层的刚度影响有关。桥面芯样下面层以桥梁混凝土结构为依托,较路基下面层更为刚性,这与室内模具刚性底部情况更加相似。

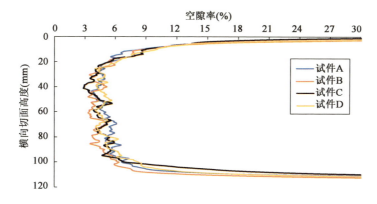

图4.16 试件A~试件D横向切面空隙率分布曲线

图4.17为室内SMA-13沥青混合料试件A~试件D横向切面空隙数沿试件高度方向分布曲线。同样,各空隙数分布曲线与各对应试件空隙率分布曲线形状基本一致。

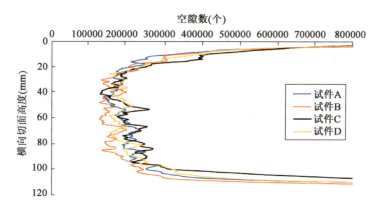

图4.17 试件A~试件D横向切面空隙数沿试件高度方向分布曲线

沥青混合料SMA-13试件E和试件F横向切面空隙率分布曲线,如图4.18所示,试件两头空隙率较大。试件F为旋转压实成型,而试件E为振动压实成型试件,两个试件中部横向切面均可以发现3个较为明显的拐点,空隙率沿试件高度方向分布曲线形状与路基芯样更为相近。同时,曲线特征表明,164mm高度试件(试件E、试件F)比115mm试件(试件A~试件D)更容易产生集料沿高度方向离析。对比拐点2(空隙率9.14%)和拐点2'(空隙率8.06%),试件一半高度位置附近,振动压实比旋转压实能达到更小空隙率,即振动压实对高试件一半高度附近压实效果要好于旋转压实,而其他位置压实效果都比较接近。与试件A~试件D相比,试件E和试件F中部空隙率分布均匀性明显差些。

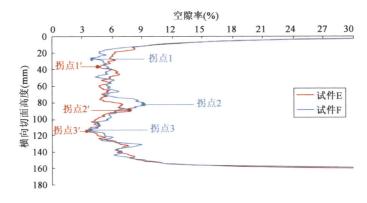

图4.18 试件E和试件F横向切面空隙率分布曲线

同样,试件E和试件F空隙数分布曲线与各自试件空隙率分布曲线形状基本保持一致,如图4.19所示。

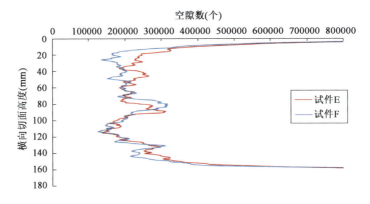

图4.19 试件E和试件F横向切面空隙数分布曲线

4.2.2.2 横向切面空隙尺寸

图4.20为试件A~试件D横向切面空隙尺寸分布曲线。从图中基本可以看出,横向切面沿高度方向,试件C空隙最小,试件A次之,试件B和试件D空隙最为接近。而试件A为旋转压实成型试件,试件C为旋转压实+振动压实+旋转压

实成型试件。空隙尺寸结果表明,合适的组合成型试件压实效果可以比旋转压实效果更好。显然,组合成型试件 C 空隙尺寸整体比旋转压实试件 A 小,即组合压实效果可能相对更好。组合成型试件 B 振动成型时间是 20s,而试件 D 振动成型试件是 60s。试件 B 和试件 D 空隙尺寸相近,表明两者组合压实功可能相当。

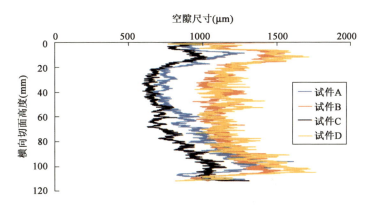

图 4.20　试件 A~试件 D 横向切面空隙尺寸分布曲线

图 4.21 为试件 E 和试件 F 横向切面空隙尺寸分布曲线。试件 E 空隙尺寸整体上比试件 F 空隙尺寸小,红色虚线框部位尤为明显。因此对于高度 164mm 试件,红色虚线框部分,即试件上半部分振动压实效果明显要比旋转压实好些。而试件下半部分空隙尺寸比较接近,其原因与振动压实影响厚度有关,振动压实作用随着试件厚度的增大而减弱。

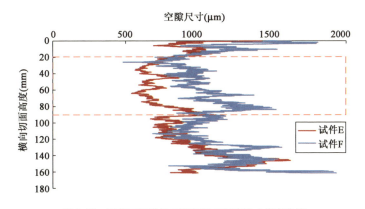

图 4.21　试件 E 和试件 F 横向切面空隙尺寸分布曲线

4.2.2.3 径向切面空隙率

室内组合成型试件A~试件D径向切面空隙率分布曲线,如图4.22所示,试件A和试件D离试件圆心最近和最远处空隙率大,中间部分空隙率较小。而试件B和试件C主要是径向切面半径最大值附近出现空隙率较大情况,其他切面空隙率较小。去除圆心附近2cm范围内集料最大公称粒径的影响,径向切面半径从2cm附近开始到试件最大半径方向,空隙率呈现逐步增大趋势。而依据该空隙率分布曲线同样无法直接判断压实效果好坏。径向切面半径最大处,试件与模具壁直接接触,压实能量不均匀分布可能是引起该位置空隙率较大的一个原因。

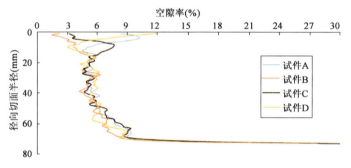

图4.22 试件A~试件D径向切面空隙率分布曲线

图4.23为试件E和试件F径向切面空隙率分布曲线。两曲线之间交错穿插,很难用来比较两者压实效果。同样,径向切面半径最大位置空隙率最大,其他位置相对较小。

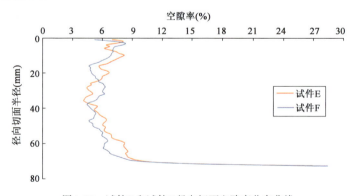

图4.23 试件E和试件F径向切面空隙率分布曲线

4.2.2.4 径向切面空隙尺寸

图 4.24 为试件 A~试件 D 径向切面空隙尺寸分布曲线。从图中可以看出,整体上,可直观判断沿径向空隙尺寸大小依次为:试件 C<试件 A<试件 B<试件 D。结合试件 A~试件 D 横向切面空隙尺寸分布情况,可以判断压实效果:试件 C>试件 A>试件 B>试件 D。空隙尺寸沿径向逐步变大,这可能跟压实能量分布不均匀有关。

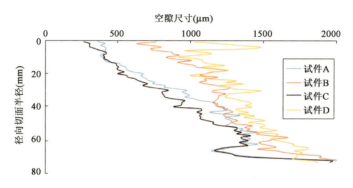

图 4.24　试件 A~试件 D 径向切面空隙尺寸分布曲线

图 4.25 为试件 E 和试件 F 径向切面空隙尺寸分布图。试件 E 和试件 F 空隙尺寸在径向分布比较接近,很难区分整体上哪个压实效果更优。红色虚线框位置可以看出,试件 E 空隙尺寸总体较大,说明振动压实对试件圆周外围效果较差,而在圆周内围(半径<40mm)压实效果与旋转压实相近。同样,空隙尺寸沿径向逐步变大。

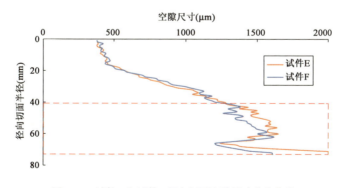

图 4.25　试件 E 和试件 F 径向切面空隙尺寸分布曲线

4.2.3 数值统计分析

空隙率分布横向和径向都比较接近,在上述分布曲线图中不好直接识别判断。因此,本次研究参考既有研究文献,对室内成型试件A~试件F,按上部和下部各切除20mm,取中间空隙较均匀段分析计算。对路基和桥面SMA-13芯样,按两头各切除5mm,取中间空隙较均匀段分析计算。分析空隙率均值、标准差以及离散系数,结果见表4.8。

现场SMA-13芯样及室内成型试件空隙率分布统计　　　表4.8

项目	桥面芯样	路基芯样	试件A	试件B	试件C	试件D	试件E	试件F
均值(%)	4.62	5.97	4.98	4.19	4.47	4.84	5.61	5.96
标准差	1.06	1.18	0.63	0.60	0.75	0.56	0.97	1.30
离散系数(%)	22.87	18.82	12.67	14.35	16.83	11.48	17.31	21.77

由表4.8可以看出,对比现场芯样与室内旋转压实空隙率沿高度分布结果,可以看出高164mm试件(试件E、试件F)与现场路基钻芯结果接近,旋转压实试件F比振动压实试件E更接近路基芯样,但室内振动成型试件E空隙率均值更小,即压实效果相对更好些。高115mm的试件(试件A、试件B、试件C、试件D)空隙率结果与现场桥面钻芯结果更为接近。在旋转压实成型结果中,振动旋转组合成型试件C和试件D相比旋转压实成型试件A更接近现场桥面钻芯空隙率结果,表明本研究的组合成型方法相比纯旋转压实能更接近现场压实效果。

在室内旋转压实成型中,同样试件高度下,B试件成型方式下空隙率最低,而组合成型试件中,B试件振动时间最少,该组合压实效果更好。这说明组合成型方法存在反过来指导现场施工工序改进以达到更好压实质量的潜力。振动与旋转组合会影响成型空隙率值与分布,并且它们的关系是非线性的(图4.26),可通过调整振动时间与旋转次数组合来改善空隙率值与分布情况。尺寸高度低的试件(试件A、试件B、试件C、试件D)空隙率不仅要比高度高的试件(试件E、试件F)低,而且分布更为均匀。

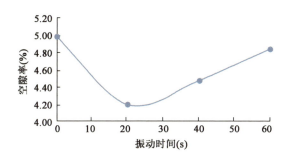

图 4.26　组合成型振动时间与空隙率关系曲线

4.2.4　存在问题及讨论

本次研究主要目的在于验证提出的组合成型方法能更好地模拟现场压实效果，同时验证自主改造设备的实用性。对于组合成型的参数选择，研究只选择了一组初步证明有效。进一步研究中，可以针对不同的沥青混合料，采用不同的振动参数组合，如不同频率、不同激振力、不同静压力和不同名义振幅等。还可以模拟更多施工工艺进行旋转次数和振动时间等选择。

4.3　小结

本次研究利用自主改造的旋转振动组合成型设备对室内成型试件从内部空隙分布特征进行了对比分析，验证了组合成型方法可以比旋转压实方法更好地模拟现场压实效果。主要结论如下：

（1）下面层刚度以及压路机振动方式对上面层压实空隙分布影响较大。路基SMA-13芯样中部空隙率比桥面SMA-13芯样大，且更不均匀。对比高度方向的横向切面，路基芯样空隙尺寸整体比桥面芯样大。两者径向空隙特征区别不明显。

（2）从横向切面空隙率分布来看，高164mm试件（试件E、试件F）与路基SMA-13芯样结果接近，中部空隙率分布不均匀，试件一半高度位置附近都会出现沿高度方向的集料颗粒离析。振动成型试件E压实效果比旋转压实试件F更好。

(3)高115mm的试件(试件A、试件B、试件C、试件D)与桥面SMA-13芯样结果更为接近,中部空隙率分布均匀。振动旋转组合成型方法更接近现场压实效果。组合成型方法存在指导现场施工工序改进的潜力。

(4)振动与旋转组合参数会影响试件成型空隙分布,并且它们的关系是非线性的,可通过调整振动时间与旋转次数组合来达到更好的压实质量。

第5章 基于离散元的沥青混合料压实特性研究

YADE是一个基于DEM的开源和可扩展模型框架。本研究主要目的是利用自行编写的YADE程序模拟沥青混合料的压实过程,探讨不同压实方法和压实参数对压实质量的影响。基于黏弹性接触假设定义了沥青混合料颗粒间的接触关系,并通过非线性回归分析获得了模型的关键参数。本研究模拟了三种常见热拌沥青混合料压实方式,包括Superpave旋转压实、振动压实和揉捏压实(轮载压实),并对影响压实效果的关键参数进行了敏感性分析。与传统的实验室压实试验相比,基于DEM的数值分析方法提供了一种从材料内部细观尺度研究沥青混合料压实特性的新方法,可以节省大量的人力和材料资源,同时具有助于理解沥青混合料压实过程细观机制的巨大潜力。

5.1 离散元模型参数的确定

在DEM模拟中,相互作用只发生在模型中实体单元之间的接触点或界面,并且用力-位移法则来描述材料的力学行为。因此,接触关系是DEM模拟中非常重要的一个方面,是影响模拟结果的关键因素。

沥青混合料是一种热流变性简单材料,通常表现为黏弹性或黏弹塑性,其力学行为与温度、加载频率和应变水平密切相关。Burgers模型是一种广泛用于研究沥青混合料流变行为的黏弹性模型,它可以很好地描述沥青混合料的蠕变、松弛和动态力学响应特性。本研究中,采用了Burgers本构模型来表征沥青混合料基于时域和温域的力学行为,并基于YADE代码开发了一个新的本构关系模型来进行计算处理。

Burgers模型包含Kelvin模型和Maxwell模型,分别在正向和切向方向上以串联方式连接在球-球或球-壁接触点处(图5.1)。在Burgers模型中,接触力f可通过以下二阶偏微分方程来描述:

$$f + \left[\frac{C_k}{K_k} + C_m\left(\frac{1}{K_k} + \frac{1}{K_m}\right)\right]\dot{f} + \frac{C_k C_m}{K_k K_m}\ddot{f} = \pm C_m \dot{u} \pm \frac{C_k C_m}{K_k}\ddot{u} \quad (5.1)$$

式中:f——接触点处的接触力;

u——球-球或球-壁接触位置的变形;

K_k——Kelvin模型中弹簧的刚度;

C_k——Kelvin模型中黏壶的黏度;

K_m——Maxwell模型中弹簧的刚度;

C_m——Maxwell模型中黏壶的黏度。

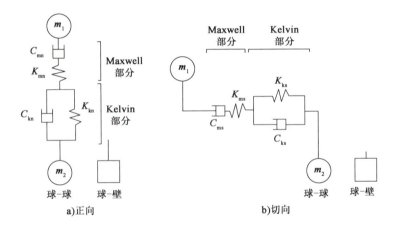

图5.1 Burgers模型示意图

通过使用有限差分方案的中心差分逼近,该方程可以进一步表达为以下的迭代形式,从而在DEM程序中得以实现。在基于YADE的DEM程序中,Burgers模型的迭代方程在每个接触点的每个时间步中都得到了实现。

$$f^{t+1} = \frac{1}{C}\left[u^{t+1} - u^t + \left(1 - \frac{B}{A}\right)u_k^t \mp Df^t\right] \quad (5.2)$$

$$A = 1 + \frac{K_k \Delta t}{2C_k}, B = 1 - \frac{K_k \Delta t}{2C_k}, C = \frac{\Delta t}{2C_k A} + \frac{1}{K_m} + \frac{\Delta t}{2C_m}, D = \frac{\Delta t}{2C_k A} - \frac{1}{K_m} + \frac{\Delta t}{2C_m}$$

$$u^{t+1} = 1/A[Bu_k^t \pm \Delta t/2C_k(f^{t+1} + f^t)]$$

式中：Δt——时间步长；

u_k^t——Kelvin模型部分的位移。

用于确定沥青混合料DEM输入参数的常用方法是通过对试验数据进行回归分析来获取接触模型的参数。这些试验通常包括单轴蠕变、应力松弛和动态模量试验。在这些试验中，动态模量试验是一种常规的获得沥青混合料黏弹性力学参数的试验方法，并已被研究人员成功地用于确定Burgers模型的DEM输入参数。在动态模量试验中，对圆柱样品施加正弦形式的竖向荷载$\sigma(t)$，引起动态应变$\varepsilon(t)$。试件受到的周期性的动态应力和相应的应变响应可以表示为：

$$\sigma(t) = \sigma_0 e^{i\omega t} \tag{5.3}$$

$$\varepsilon(t) = \varepsilon^* e^{i\omega t} \tag{5.4}$$

式中：σ_0——峰值应力；

ε^*——峰值应变；

ω——径向频率；

t——经过的时间。

将应力和应变函数代入式(5.1)，复数逆应变率$D^*(\omega)$可以表示为：

$$D^*(\omega) = \frac{\varepsilon}{\sigma} = \frac{1}{K_m} + \frac{1}{i\omega C_m} + \frac{1}{K_k + i\omega C_m} = D'(\omega) - iD''(\omega) \tag{5.5}$$

式中：$D'(\omega)$——复数逆应变率的实部；

$D''(\omega)$——复数逆应变率的虚部。

$$D'(\omega) = \left(\frac{1}{K_m} + \frac{K_k}{K_k^2 + \omega^2 C_k^2}\right) \tag{5.6}$$

$$D''(\omega) = \left(\frac{1}{\omega C_m} + \frac{\omega C_k}{K_k^2 + \omega^2 C_k^2}\right) \tag{5.7}$$

动态模量$|E^*|$等于动态逆应变率$|D^*|$的倒数，即：

$$|E^*| = \frac{1}{|D^*|} = \frac{1}{\sqrt{(D')^2 + (D'')^2}} \tag{5.8}$$

然后，可以通过对动态模量主曲线进行多元非线性回归分析来获得Burgers模型的参数。

在本研究的沥青混合料模型中,将沥青胶结料和细集料混合形成的沥青胶砂看成一种物质,且不作为实体颗粒来加以考虑,仅按沥青混合料的黏弹特性来考虑沥青胶砂对模型力学行为的影响,通过动态模量试验来获得沥青胶砂黏弹性参数。在进行动态模量试验前,制备了沥青胶砂试样(直径100mm,高度150mm)。试验时考虑了3个温度(5℃、20℃和30℃)和10个频率(0.01Hz、0.1Hz、0.2Hz、0.5Hz、1Hz、2Hz、5Hz、10Hz、20Hz和25Hz)。测试完成后,通过将不同温度下的动态模量曲线转换到参考温度,建立了动态模量主曲线。图5.2显示了在参考温度20℃下的动态模量测试结果和沥青胶砂的主曲线。Burgers模型参数可以通过对上述试样的动态模量主曲线进行回归分析获得,获得的模型参数见表5.1。

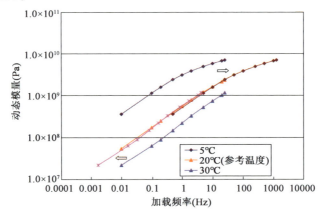

图5.2 沥青胶砂主曲线

Burgers模型参数　　　　表5.1

参数	E_1(MPa)	C_1(MPa·s)	E_2(MPa)	C_2(MPa·s)
数值	15.996	652.714	10.891	1.898

5.2 沥青混合料压实方法和离散元模拟

DEM是一种计算密集型的方法,对于大型的DEM模型,计算仍然非常耗时。目前,DEM分析的规模通常被限制在约100万个颗粒,通常采用圆形(二维)或球形(三维)颗粒。由于计算机处理能力的限制,研究人员通常只在模型中考虑大于某个特定尺寸的颗粒,而对于尺寸较小的颗粒则做一些简化处理,以提高计算效率。在沥青混合料中,粗集料构成了沥青混合料的骨架结构,承担抵抗荷载的作用,并对沥青混合料的力学行为产生显著影响。细集料的主要作用是填充粗集料之间的空隙,增加沥青混合料的密实性。在研究中,沥青胶结料和细集料混合形成的沥青胶砂通常被当成一种物质来考虑,而沥青胶砂对混合料力学行为的影响则通过粗集料之间的接触本构关系来加以体现,粗集料被假设为包裹在沥青胶砂中的球形颗粒。对于沥青胶砂中的最小颗粒尺寸,You和Buttlar认为这个界限可能因不同混合类型而异,他们考虑了将足够小的颗粒放入胶状物质中,以形成功能上均匀的胶状物质,对粗集料之间的互锁贡献最小。基于图像处理能力和计算效率的考虑,研究中选择了2.36mm作为颗粒的分界线,模拟结果与试验测量结果相比得到了令人满意的结果。Adhikari和You通过DEM模拟进一步研究了集料最大粒径对沥青胶砂力学性能的敏感性,并发现集料最大粒径为1.18mm和0.6mm的沥青胶砂可以较准确地预测沥青混合料的模量。

本研究中,假设沥青胶砂是由沥青结合料和粒径小于2.36mm的细集料组成,并通过沥青胶砂的黏弹特性来表征其对沥青混合料力学行为的影响。研究中使用YADE开源代码模拟了旋转压实、振动压实和自行开发的沥青路面分析仪(APA)线性捏合压实(轮载揉捏压实),并在实验室进行了压实试验模拟,通过将DEM模拟结果与实验室压实试验结果进行比较,验证了DEM模型的有效性。为使压实试验与DEM模拟具有一定的可比性,实验室压实试验选择了圆形集料(未破碎的砾石)作为粗集料,与DEM模拟时选用的球形集料具有较为相似的形态特征。

5.2.1 Superpave旋转压实与离散元模拟

Superpave设计方法是SHRP的最重要的研究成果之一,目前该方法已经在全世界广泛使用。旋转压实是Superpave混合料设计中的试件成型方法,Superpave旋转压实仪已成为实验室中评估热拌沥青混合料力学性能的常用压实设备[图5.3a)]。

在DEM模拟中,与标准的Superpave旋转压实仪压实参数相似,垂直压力设定为600kPa,回转角度设定为1.25°。回转速度为30r/min。DEM模拟中的旋转压实是通过旋转压实板来实现的,由两个独立的DEM模拟引擎控制,即旋转板引擎和恒压引擎。旋转板引擎在指定轴线周围施加恒定的旋转速度,而恒压引擎则通过一个指定的板在颗粒上施加特定压力。DEM模拟中由压实板施加的力与实际旋转压实试验中的加载模式相似。

DEM模拟过程包括以下两个步骤:第一步是在重力作用下,颗粒进行堆积直至达到稳定状态[图5.3b)];第二步是在旋转压实力下进行压实[图5.3c)]。模型中颗粒的数量和直径由集料级配确定,共生成了9989个颗粒用于旋转压实过程的DEM模拟。

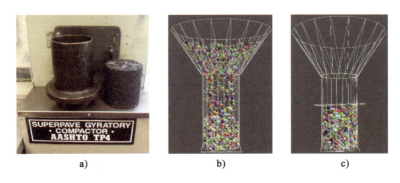

图5.3　旋转压实及DEM模拟过程

5.2.2　振动压实与离散元模拟

振动压实是实验室中制备沥青混合料试样(包括梁试样和圆柱试样)常见的压实方法之一[图5.4a)]。在振动压实过程中,松散的沥青混合料被放入模具中,在动态振动力和静态力的组合效应下进行压实。静态压实力由压实压力和平衡压力控制。压实头下降时,沥青混合料受到的压力由系统压力(比如620.5kPa)控制。当压实头到达钢模具的顶部并且压实马达开始运转时,平衡阀打开并给压实头提供平衡压力。因此,620.5kPa向下与206.8kPa向上的压力相抵消,形成413.64kPa的静态压力。压实头的振动由连接在压实头上的两个振动器产生。每个压实机可以提供最小444.8N和最大7117.2N的振动力,这导致两个压实机的最小压力为23.7kPa,最大压力为358kPa。

在 DEM 模拟中,可以通过设置虚拟墙来对试件施加外部力或位移。本研究中,压实压力是通过设置压实板(或虚拟墙)的力函数来施加的。根据上述静态力和振动力的计算结果,压实板的输入压实力如图 5.4b)所示,并将其用作 DEM 模拟中压实板的力函数。振动压实的默认转速为 3600r/min。类似于旋转压实过程的模拟,振动压实的模拟也可以分为两个步骤:第一步是在重力作用下进行颗粒的堆积,在磨具中形成待压实的散体沥青混合料;第二步是在振动力的作用下进行混合料的压实。在振动压实的 DEM 模拟中,共生成了 10115 个颗粒,也是根据真实的集料级配进行设置的。

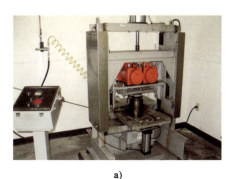
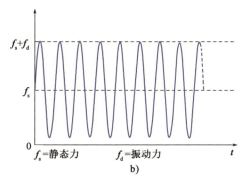

图 5.4 振动压实及 DEM 模拟过程

5.2.3 轮载揉捏压实与离散元模拟

本研究通过使用开源 DEM 代码,模拟了沥青混合料的线性揉捏压实过程。原本用于测试沥青混合料车辙和疲劳性能的 APA 被改装,用于进行热拌沥青混合料揉捏压实试验。APA 的原始测试模具被改装成不同尺寸的钢盒(长度 305mm,高度 75mm,三种不同宽度:50mm、100mm 和 200mm)。与传统线性揉捏压实仪相比,APA 具有自动数据采集系统,在压实过程中能获得试件的实时变形,以分析试件的压实状态。

与传统线性揉捏压实仪相似,在轮载揉捏压实试验[图 5.5a)]中,首先将一定质量的热拌沥青混合料放入一个自行设计的钢模中,一系列竖直对齐的钢板(宽度 0.75in)放置在将要压实的热拌沥青混合料的顶部,然后通过 APA 钢轮作用在这些钢板上对下部的热拌沥青混合料施加滚动和压实作用力。散体的热拌沥青混合料在APA钢轮的作用下被揉捏和压密。APA可提供的最大荷载为1178.8N,可以通过液压控制系统调整荷载幅值以模拟不同压实力对压实效果的影响。另外,用于加载的APA钢轮的速度也是可调的,APA钢轮的位置也可以在压实过程中自动记录。在改装的轮载揉捏压实试验中,沥青混合料在恒定压应力的作用下被压实,APA反复的钢轮揉捏加载方式更接近于实际路面沥青混合料被胶轮压路机所压实的状态。

在轮载揉捏压实的DEM模拟中,揉捏作用力可以通过设置加载板的加载函数来实现,如图5.5b)所示。以半压实周期为例,当压实机开始压实沥青混合料并且APA的加载钢轮移动到板1上时,板1对下方颗粒施加了与APA轮载相等的力,而其他板的力则设置为0。随着轮子向前移动,板2对下方颗粒施加力,其他板的力则为0。同样的方式,加载钢轮将根据移动速度在特定时间内逐渐对每个板施加压应力,压实时间为300s。研究中分别对具有不同尺寸的钢盒(宽度为50mm、100mm和200mm)进行了压实数值模拟试验,分别生成了3663个、7183个和14079个颗粒。

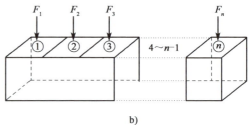

a)　　　　　　　　　　　　　　b)

图5.5　APA线性揉捏压实及DEM模拟过程

5.3　试验与数值模拟结果

5.3.1　Superpave旋转压实

在模拟过程中,记录了陀螺板和颗粒在指定时间步长的位置,然后计算得到了粗集料(V_{CA})的体积含量。虽然在DEM模拟中未将小于2.36mm的集料作为单独的颗粒来考虑,但可以根据成分之间的比例关系来粗略估计混合料的空隙率。假设所有细集料和沥青胶结料都填充在粗集料间的空隙中。根据粗集料和细集料之间的比例关系,可以计算整个混合料中细集料的体积(V_{FA}),并且可以通过整个混合料的沥青含量计算出沥青的体积($V_{asphalt}$)。已知V_{CA}、V_{FA}和$V_{asphalt}$的值,可以使用下式来粗略估算材料的空隙体积(V_v):

$$V_v = 1 - V_{CA} - V_{FA} - V_{asphalt} \tag{5.9}$$

Superpave旋转压实试验中试件的空隙变化曲线和通过上述方法估计的空隙曲线如图5.6所示。从图中可以看出,DEM模拟的空隙曲线与实验室试验结果有着类似的变化趋势。随着旋转压实次数的增加,试件的空隙逐渐减少,DEM模拟获得的试件的最终空隙率略低于实验室测试结果。这可能是由以下两个因素引起的:①建模过程中采用球形颗粒来模拟粗集料的假设。虽然在实验室压实试验中选择了圆砾作为粗集料,但这些粗集料仍然具有一定的棱角性,比完全的球形颗粒更难压实。②假设沥青胶结料在粗集料之间的空隙中进行了理想填充。细集料和沥青胶结料在沥青混合料压实过程中必然对粗集料的堆积产生特定影响。

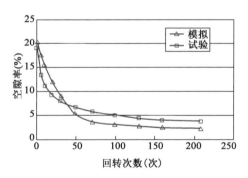

图5.6 Superpave旋转压实试验与数值模拟结果

5.3.2 振动压实

图5.7显示了沥青混合料在振动压实条件下的空隙率变化规律。结果表明,DEM模拟和试验结果都遵循相同的变化趋势,即随着时间的增加,沥青混合料的空隙逐渐减少,压实速率变慢。从图中还可以看出,DEM模拟结果要小于

实际压实试验结果,这可能是由于 DEM 模拟时采用了球形颗粒,所以颗粒间的嵌挤咬合作用相对实体试验较弱所致。

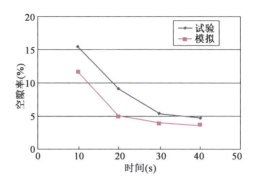

图 5.7 振动压实试验与数值模拟的空隙率变化结果

5.3.2.1 振动力的影响

振动力对沥青混合料的振动压实效果有至关重要的影响。振动压实过程中,安装在压实头上的振动器的振动力可以通过改变偏心设置进行调整。振动器有 6 个偏心设置,可以产生不同幅度的振动力,不同偏心设置对应的振动力见表 5.2。由于设置 5 和设置 6 的振动力非常接近,本研究只模拟了设置 5 的情况。不同振动力的 DEM 模拟和实验室测试结果如图 5.8 所示。从图中可以看出,DEM 模拟和实验室测试得到的压实过程中沥青混合料的空隙率具有相似的变化趋势,即随着振动力的增加,空隙率逐渐减小,随着振动力的增加,空隙减小的速率也逐渐变慢。在较低的振动力水平(如 1000N)下,沥青混合料的空隙率相对较高,沥青混合料呈现出较为松散的状态,因此需要较高的振动力来制备空隙较低的沥青混合料试样。由于振动压实力是将沥青混合料压实的一维应力,并且很难达到高压实度水平,所以振动力的大小对沥青混合料的压实质量至关重要。

振动力的不同设置 表 5.2

设置	1	2	3	4	5	6
振动力(N)	222.5	2225	4228	5785	6675	7565

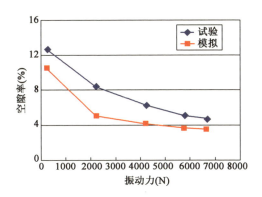

图 5.8 振动力对振动压实过程中沥青混合料空隙率的影响

5.3.2.2 振动频率的影响

振动频率是另一个可能显著影响振动压实效果的因素。虽然由于振动器的振动频率不可调节,无法通过实验室振动压实试验研究振动频率的影响,但可以借助 DEM 模拟进行研究。图 5.9 呈现了不同振动速度下的振动压实效果的 DEM 模拟结果。振动器的默认振动频率为 3600 次/min。本研究还模拟了两个额外的振动频率,即 1800 次/min 和 2700 次/min,这可以通过在 DEM 模拟过程中调整压实板的力函数来实现。从图中可以看出,振动频率对沥青混合料的压实质量有一定影响。相同振动时间下,高振动频率试件的空隙率要显著小于低振动频率试件。在相对较短的时间内,沥青混合料在高速振动作用下可以被压实到所需的压实度,这有助于在有限的时间内获得压实质量良好的沥青混合料,而在较小的振动频率下,沥青混合料达到所需压实度则需要更长的时间。

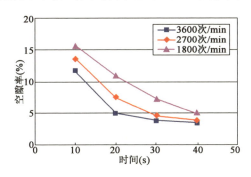

图 5.9 振动频率对振动压实过程中沥青混合料空隙率的影响

5.3.3 轮载揉捏压实

图5.10显示了轮载揉捏压实过程中沥青混合料空隙率的变化情况（轮速每秒30次往返，压力600kPa下），包括DEM模拟和实验室测试结果。从图中可以看出，在压实过程中，DEM模拟结果和实验室测试结果遵循相似的变化规律，并且DEM模拟的预测值与实验室测试结果比较接近，要略低于实验室测试结果。

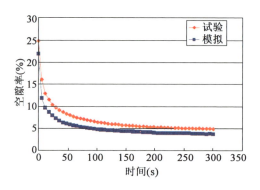

图5.10 轮载揉捏压实试验与数值模拟结果

5.3.3.1 压力的影响

压实板和下方沥青混合料之间的压实压力可以通过设置不同的APA轮载幅值来进行调整。图5.11呈现了在轮速每秒30次往返、100mm宽度模具中不同压实压力的DEM模拟结果和实验室测试结果。显然，无论是在DEM模拟还是实验室测试中，沥青混合料的空隙率随着压实压力的增加而减少，但在压实的开始阶段，DEM模拟获得的空隙率减少速率要大于实验室测试结果，后来则逐渐减慢。这可能是由于实验室压实试验中集料间的嵌挤咬合作用更加显著的原因。由于在DEM压实模拟中使用了球形粗集料的假设，其颗粒间的嵌挤咬合作用要弱于实验室试验中的集料颗粒，因此，即使在开始阶段，压实压力的小幅增加也会使得沥青混合料的空隙率大幅减小。

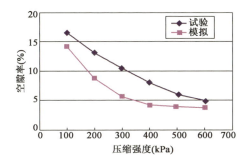

图 5.11　压力对试验模拟结果的影响

5.3.3.2　轮速的影响

APA 试验机的轮速是可以调整的,因此可利用可调节的轮速来研究揉捏频率对沥青混合料压实效果的影响。每种轮速对应的轮载揉捏周期见表 5.3。图 5.12 显示了轮载碾压条件下 DEM 模拟和实验室压实试验结果。由于高压实压力通常会导致沥青混合料具有非常低的空隙率,因此很难在不同轮速下区分压实效果,因此本研究采用了 300kPa 的压实压力。结果表明,实验室压实试验中试件空隙率受轮速的影响要比 DEM 模拟时更加显著。高轮速意味着压实过程中在给定时间内会对试件进行更多次的揉捏作用,从而导致试件具有更低的空隙率。DEM 模拟中的试件空隙率随着轮速增加而减少,但轮速引起的差异没有实验室压实试验中那么明显,这可能是由于 DEM 模拟中颗粒间的嵌锁效应较弱所致,此时混合料更容易被压实,即使揉捏次数较少,DEM 模拟中的混合料也可以达到相对较高的压实度。

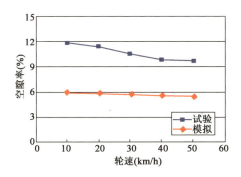

图 5.12　轮速对试验及模拟结果影响

APA 轮速对应的轮载揉捏周期　　　　表5.3

APA 轮速(km/h)	10	20	30	40	50
轮载揉捏周期(s)	3	1.5	1	0.75	0.6

5.3.3.3　边界条件的影响

本研究在APA轮载揉捏压实试验中,采用了三种不同宽度(50mm、100mm和200mm)的钢模具,用来研究边界条件对沥青混合料压实效果的影响。由于APA试验机能提供的最大荷载为1178.8N,因此试验时轮载对试件的压实应力约为200kPa,并将轮速设置为30km/h。图5.13显示了不同模具宽度下压实过程的DEM模拟和实验室测试结果。从图中可以看出,模具造成的边界效应对沥青混合料的压实效果有一定程度的影响。较宽的模具对沥青混合料压实时的边界约束相对较弱,从而导致较低的空隙率。

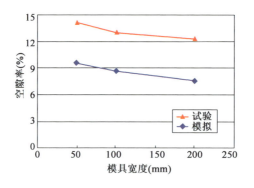

图5.13　边界条件对试验及模拟结果的影响

5.4　小结

在本研究中,采用基于YADE的开源DEM代码研究了沥青混合料的压实过程,探讨了不同压实方式和压实参数对其压实效果的影响。为了更好地反映压实过程中颗粒间的相互作用关系,在DEM代码中开发新的黏弹性接触模型,并通过对动态模量试验结果进行非线性回归分析获得了接触模型的输入参数。使用新开发的DEM模型对沥青混合料的三种常用压实方法(Superpave旋转压实、振动压实和揉捏压实)进行了模拟,通过与实验室压实试验结果进行对比,验证了模型的有效性,并对压实效果的影响因素进行了分析与探讨。

(1)在采用不同压实方式的沥青混合料压实过程中,DEM模拟和实验室试验结果均呈现出相似的变化规律。DEM预测值在一定范围内与实验室测试结果接近,这可以表明本研究建立的DEM模型对模拟沥青混合料的压实过程具有很好的适用性。分析结果还显示,DEM模拟可以有效地研究不同压实因素对沥青混合料压实效果的影响,比如压实方式、压实力的类型和大小、压实速率(或频率)、边界条件。DEM预测结果稍小于实验室测试结果,这是由于DEM模拟中采用了球形颗粒来模拟沥青混合料的粗集料,从而导致颗粒间具有较弱嵌挤咬合作用所造成的。

(2)尽管本研究中的一些假设与实际条件不符,使得DEM模拟结果仍然不够精确,无法完全满足沥青混合料设计的需求,但本研究所提出的DEM模型为研究沥青混合料的压实特性提供了一种新的思路,可以有助于我们从细观尺度更好地认识沥青混合料的压实过程。通过进一步的研究(结合其他的新技术和新方法,例如流固耦合、颗粒团聚技术、CT重构等),DEM模拟可以更好地反映沥青混合料的真实集料形态,考虑颗粒形状和纹理效应对沥青混合料压实效果的影响,从而有助于研究人员更好地理解沥青混合料压实过程中的细观机制。

第6章 沥青路面智能压实测量值的地质统计学分析

目前用于沥青路面压实质量分析的单变量统计不能很好地评估空间压实均匀性。智能压实技术由于对施工路段的100%覆盖,智能压实测量值(ICMV)可用于对压实沥青层进行地质统计分析,可以更全面地评估路面施工质量。

与单变量统计不同,地质统计学关注空间数据集使用半变异函数作为描述空间关系的常用工具。在许多地球科学应用中,半变异函数定义为具有一定距离的数据之间平均平方差的一半。如果重复计算这个值,对于不同的距离,可以获得半变异函数图。地质统计学还可用于预测未采样位置的值。Kriged法是随机地创建"平滑"轮廓图的插值程序,可用于分析不均匀性并比较地图。

本项目对采用ICMV进行地质统计分析的关键问题进行了评估。与传统的质量控制方法相比,地质统计方法分析能够评估空间压实均匀性和确定压实过程中的薄弱位置。本研究深入分析了包括振幅、谐振计值(RMV)和压路机滚筒的测量深度在内的各种因素对于地质统计方法分析,提出了详细程序来过滤其影响,如建议对数据进行正态分数变换(NST)、比较不同层之间的空间均匀性等。研究发现,可以采用ICMV的空间统计来监测压实过程中空间均匀性的变化,并以此为基础建立智能压实技术全面质量控制框架。

6.1 沥青路面施工

该项目为美国北卡罗来纳州戴维森县的沥青路面施工项目。根据美国田纳西州交通部(TDOT)的规定,在集料基层上施工了三层沥青层,包括基层、黏结层和表层,厚度分别为10.2cm、4.4cm和3.2cm。

如图6.1所示,智能压实振动滚筒(型号:英格索兰DD-110HF)用于三层沥青的初期碾压。该滚筒在振动模式下的振幅约为0.45mm,频率为55Hz。另一台滚筒保持在静态模式下进行中间碾压。所有IC滚筒由相同的操作人员以相同的滚筒参数(如速度和频率)操作,适用于所有沥青层,这为不同层之间的地质统计模型比较提供了基础。集料基层由一台带有相同IC系统的单滚筒振动滚筒(CAT CS54)进行压实。为了探索集料基层压实与沥青层压实之间的相关性,该研究对集料基层和沥青层的CMV进行了地质统计分析。在压实后,每个沥青层内共随机收集了30个芯样,并记录所有芯样的位置和测量了实验室密度。

a) 用于面层的滚筒压实　　　　b) 用于碎石基层的路面压实

图6.1　智能压实

对于采集芯样的同一路面部分,使用ArcGIS中的地质统计分析工具来检查数据,获取半变异图并使用Kriged方法创建等值线图。表6.1列出了不同层CMV的空间和单变量统计值,之后进行了原始半变异图和正态分数变换后的半变异图的比较。变换后,数据呈现出均值为0、方差为1的正态分布。变换后,不同层的基台值都接近于1。

不同层CMV的空间和单变量统计数据　　表6.1

层数	单变量统计		半方差图			正态分数的半变异图			样本数量
	μ	σ	块金值	基台值	变程	块金值	基台值	变程	
碎石基层	43.9	31.8	159.1	947.3	19.0	0.2	1.0	23.7	76696
沥青基层	10.2	4.6	3.7	19.4	12.9	0.2	0.9	17.6	57555
沥青黏结层	17.6	9.1	11.5	80.2	13.0	0.2	1.0	16.1	68749
沥青面层	30.7	16.1	0	285.5	11.4	0	1.1	10.3	5353

集料基层的CMV具有最大的均值和标准偏差,该层的平稳区域和范围值

也与沥青层显著不同。尽管使用相同的IC系统,用于集料压实的单滚筒振动滚筒在许多方面与用于沥青压实的双滚筒振动滚筒存在显著差异。除了重量上的差异,单滚筒振动滚筒的频率为30Hz、振幅为2.5mm,而双滚筒振动滚筒的频率为55Hz、振幅为0.45mm。此外,机械和地面之间的相互作用在集料层和沥青层之间是不同的。由于原始半变异图的块金值和基台值受到CMV值的影响,本研究使用正态分数变换后的半变异图来追踪层之间空间变异性的变化。

图6.2为不同层使用CMV和芯样密度进行转换后的半变异图,体现出智能压实的优势。除了沥青表层,CMV的试验数据与所有层的指数曲线很好地吻合。对CMV数据的检查表明,滚筒通常在表层处于静态模式下运行,导致空间统计的样本量不足(仅为其他沥青层的样本量的1/10)。另外,虽然每个层收集了30个芯样,但在图6.2b)所示的核心数据中,所有层都无法观察到空间趋势。换句话说,仅在有限位置进行的常规点测量结果无法捕捉到压实的空间变异性。因此,借助半变异图和IC技术的帮助,可以准确地识别出薄弱区域。

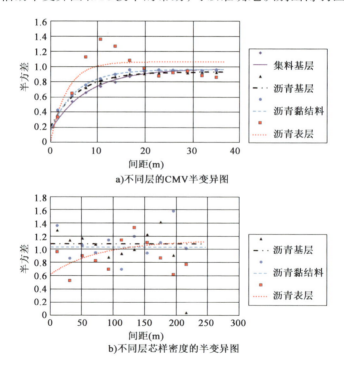

图6.2 不同层CMV和芯样密度的半变异图

图6.3显示了相同位置的CMV和芯样密度的Kriged等值线图,三角形点表示取样位置。图中还表明,CMV地图可以提供详细的空间信息,而从芯样密度地图几乎无法获得任何空间信息。因此,我们建议如果核心试验确定了有缺陷的位置,应根据半变异图的变程值和CMV等值线图进行进一步的调查,以确定修复区域。

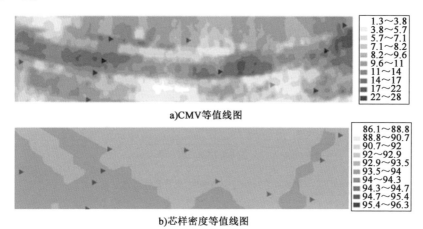

a)CMV等值线图

b)芯样密度等值线图

图6.3　CMV和芯样密度Kriged等值线图

对于不同的沥青层,单变量统计结果也显示出显著差异。尽管使用相同的设置和滚筒,均值和标准偏差的值从沥青基层逐渐增加到表层。因为CMV值将影响基台值,要澄清这一现象,必须对CMV值进行分析。在压实过程中,振动滚筒在一个矩形区域上提供动态抛物线荷载。然后,CMV值被计算为积分变形模量,并且测量深度通常大于压实层的厚度。因此,CMV值可以被视为压实力与相应变形之间的比率。由于在这个项目中,使用相同的滚筒设置,力可以被假定为对于不同的沥青层是恒定的,压实过程中的相应位移成为解释不同层之间CMV值变异的关键因素。

有限元分析软件Abaqus和Witczak动态模量预测模型通常用来计算压实下的位移。Witczak模型用于基于材料特性计算沥青混合料的动态模量。本研究使用滚筒设置的频率、沥青拌和配方、IC数据中的温度以及核仪测试的气隙来计算不同沥青层的动态模量。需要注意的是,作为基层时,高温下压实的沥青模量远小于室温下的模量。集料基层的回弹模量设定为200MPa。先前的文献对于振动滚筒的测量深度提出了不确定的结果。然而,最近的研究揭示了滚筒振动的影响深度不仅取决于层的刚度,还取决于振动设置,这可能会根据施工材料的刚度有很大差异。为了简化问题,采用了 Anderegg 和 Kaufmann 提出的 IC 滚筒测量深度是振幅的 1000 倍的概念来计算滚筒下的变形。计算得到的三个沥青层在压实下的位移与单变量统计结果的比较如图 6.4 所示。

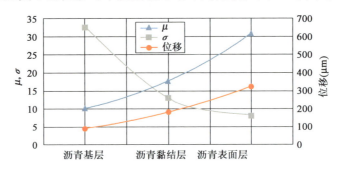

图 6.4　位移与 CMV 的单变量统计对比

6.2　沥青路面修复

第二个项目于 2013 年在美国得克萨斯州哈密尔顿县进行施工。在现有的沥青路面上施工了一层厚度为 3.2cm 的覆盖层。双滚筒振动滚筒 SAKAI SW880 作为初期碾压滚筒。该滚筒在振动模式下的振幅约为 0.5mm,频率为 69Hz。另一台滚筒在静态模式下用于中间压实。在压实过程中,初期碾压滚筒保持在振动模式下,实现压实过程中空间均匀性监测。在这个案例研究中,计算并比较了同一沥青层的不同压实次数的半变异图。

表 6.2 显示了同一天压实的不同次碾压的 CMV 的空间和单变量统计数据。由于对于同一沥青层,CMV 值是可比较的,并且经过变换后,块金值和基台值的信息很难解释,因此在这里建议并使用原始半变异图来分析同一沥青层的压实情况。对于单变量统计,第 1 遍压实的 CMV 均值最小,其次是第 2 遍压实,在第 2 遍压实中有显著增加,表明在压实下表层的刚度增加。CMV 的均值在第 3 遍压实仍然增加。至于空间统计,从第 1 遍压实到第 2 遍压实的范围增加表明在压实开始时空间均匀性增加,但是第 3 遍压实中,块金值和基台值显著增加,范

围值同时减小,表明在压实过程中空间均匀性下降。

不同遍数压实 CMV 的空间和单变量统计数据　　　　表 6.2

压实遍数	单变量统计		半方差图			正态分数的半变异图			样本数量
	μ	σ	块金值	基台值	变程	块金值	基台值	变程	
1	29.8	10.1	24.8	93.0	20.4	0.2	0.9	18.3	44331
2	58.8	12.0	10.2	112.5	28.4	0.1	0.8	28.2	40664
3	61.7	14.1	46.7	162.1	23.7	0.2	0.8	27.7	35983

图 6.5 显示了同一位置不同遍数压实 CMV 的 Kriged 等值线图的变化,长度为 488m。从图中可以看出,第 2 遍压实的等值线图显示比第 1 遍压实和第 3 遍压实都有更好的空间均匀性。基于 CMV 的单变量统计结果,第 3 遍压实的压实将有助于增加 CMV 值;然而,空间统计结果表明,对于修复压实,两次初期碾压已足够。

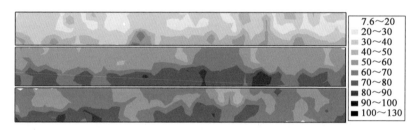

图 6.5　CMV 原始等值线图(从上向下依次为第 1、2、3 遍压实)

如上所述,CMV 是一个无量纲的压实参数,它依赖于滚筒的尺寸(例如,滚筒直径和重量)和滚筒操作参数(如频率、振幅和速度)。另外,由于滚筒的行为影响 CMV 测量,因此应将 CMV 与 RMV 结合进行解释。因此,有必要通过检查这些参数之间的关系来更好地理解 CMV。经过对各种参数的检查,发现 CMV 与滚筒振幅之间存在显著且一致的相关性,如图 6.6 所示。高振幅会将滚筒强迫进入双跳模式,而 CMV 与刚度之间的相关性会显示不连续性。当使用 CMV 进行压实验证时,滚筒需要保持在相同的模式下,并且振幅恒定。图 6.6 还说明了在压实过程中相同位置的 RMV 的变化。RMV 的等值线图显示,从第 1 遍到第 3 遍压实,与 0 不接近的 RMV 的面积和值稳步增加,这表明由于沥青层刚度的增加,滚筒出现了双跳或摇晃模式。在这些区域,沥青无法进一步压实,而 CMV 不反映沥青层的刚度。为了消除振幅对 CMV 值的影响,基于 CMV 和振幅之间的线性关系,调整了所有压实变数的CMV值。此外,在RMV>20的区域,将CMV值替换为固定数值60,以表示可能的最高压实水平。

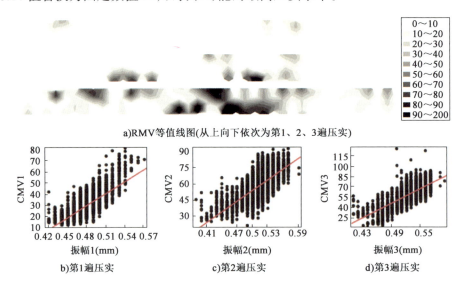

图6.6　RMV的分布以及振幅和CMV之间的关系

表6.3和图6.7显示了转换后的统计结果和等值线图。与原始CMV值相比,第1遍压实的CMV均值增加,标准偏差减小,半变异图模型的趋势也相似,范围值增大,基台值减小。这揭示了第1遍压实的CMV值更受滚筒振幅的影响,将其转换为标准振幅可以有助于消除这种影响。第2遍压实的空间和单变量统计显示出与原始数据类似的结果,表明RMV和振幅的影响相对较小。对于第3遍压实,RMV值对CMV的统计分析产生了显著影响。在转换后,第3遍压实的CMV均值小于第2遍压实的均值,表6.3中半变异图的范围值也在第3遍压实期间显著下降,这与图6.7中的观察结果一致。通过转换,压实过程中空间均匀性的趋势变得更加清晰,可以更准确地识别出薄弱区域。当振动滚筒经过已经充分压实的沥青材料时,它可能在路面上轻微或不可察觉地弹跳,导致沥青密度降低。这种现象称为过度压实。转换后的CMV的空间统计结果表明,对于修复项目的第3次压实是不必要的,并导致了过度压实问题,而仅使用单变量结果难以识别。此项目的其他工作日的CMV数据也得到了进一步的研究,空间统计结果关于最佳压实变数是一致的。根据作者的另一项研究,对于

具有类似混合料和压实程序的其他修复项目也得出了类似的结论。

转换后 CMV 的空间统计和单变量统计　　　　　　　　　表 6.3

压实遍数	单变量统计		半方差图		
	μ	σ	块金值	基台值	变程
1	37.6	6.5	7.4	43.2	24.5
2	55.1	8.5	12.3	73.3	29.0
3	53.2	9.0	23.4	76.1	21.8

图 6.7　CMV 转换后等值线图(从上向下依次为第 1、2、3 遍压实)

6.3　小结

在本章的研究中,采用地质统计分析方法通过 IC 技术评估沥青路面的压实质量。与传统的质量控制方法相比,地质统计分析能够评估空间均匀性并在压实过程中识别薄弱位置。然而,在分析过程中应考虑 ICMV 的测量深度及其与滚筒操作参数的关系。总体而言,地质统计方法可以作为使用 IC 技术评估压实质量的辅助工具。为了完全建立 IC 技术的质量控制框架,在这项研究中通过地质统计方法调查和评估了两个沥青路面项目,包括一个新建路面施工和一个修复项目。结论总结如下:

(1)不同沥青层的新建路面项目展示了 IC 技术的优势。对于该项目,由于质量控制和基础支持的一致条件,所有层的 CMV 试验点与指数曲线良好匹配,具有足够的 IC 数据,而使用传统的核心数据无法观察到空间趋势。

(2)如果核心测试确定了存在缺陷的位置,当基础支持在该区域内均匀时,应基于半变异图的范围值和 CMV 等值线图进行进一步调查。

(3)从沥青基层到表面层的CMV增加并非是由于压实质量的变化,而是由于IC滚筒的测量深度。对于新建施工项目,建议采用正态分数变换后的半变异图范围来比较不同层的压实质量。

(4)对于新建路面项目,沥青基层的半变异图范围非常接近黏结层,表明两层的空间均匀性相似。

(5)对于修复项目,使用原始CMV数据的半变异图模型可以识别压实质量在压实过程中的趋势。

(6)振幅和RMV等多种因素可能影响或使CMV值无效,必要时应对其影响进行过滤。转换后的CMV的空间统计分析可以更准确地识别空间压实均匀性的变化。

(7)对于修复项目,转换后的CMV的空间统计分析表明,振动压实的第3遍压实是不必要的,可能会导致过度压实问题,而仅使用单变量结果无法识别出这个问题。需要注意的是,其他因素,包括混合料类型、厚度和滚筒设置,也会影响压实质量。因此,不同的混合料和压实程序可能会影响最佳压实遍数。

第7章 智能颗粒在沥青路面智能压实中的应用研究

旋转压实是沥青混合料室内成型的主要方式之一，通过一定角度的旋转压实作用对试件同时施加竖向应力和水平剪力，从而模拟现场沥青路面施工及开放交通阶段承受的揉搓作用。研究表明，旋转压实效果跟现场压实最接近且能够减少压实过程中的集料颗粒破碎情况。目前有代表性的旋转压实设备主要有澳大利亚的Servopac旋转压实仪、法国的LCPC旋转压实仪以及美国的旋转剪切压实机、Texas旋转压实和Superpave旋转压实仪。由于美国国家公路合作研究计划（NCHRP）的推广，Superpave旋转压实仪在美国已经得到广泛应用。基于Superpave旋转压实记录的密实曲线，沥青混合料旋转压实特性的表征指标发展主要有：在初始旋转数时理论最大相对密度、CDI、密实曲线斜率、嵌锁点以及旋转次数比（沥青混合料试件空隙率达到2%和5%时相应需要的旋转次数之比）。其中，沥青混合料成型嵌锁点是目前研究比较多的一个方向。起初，嵌锁点的概念是由Li等为了减少因过度压实导致的Superpave旋转压实试件集料破碎风险而提出的。Superpave旋转压实仪设备在设计上并未考虑同时测量试件强度等相关参数，不能直接提供沥青混合料压实过程中应力或应变等变化数据，传统研究嵌锁点定义均是基于旋转压实过程试件高度变化，且仍然未形成统一的判定标准。

不同于传统旋转压实嵌锁点判定思路，Xue Wang等在旋转压实试件（冷拌沥青混合料）不同位置埋入智能颗粒采集压实过程欧拉角数据，从集料运动姿态特征角度提出了用相对转角曲线来判定旋转压实嵌锁点。随后，Xue Wang等将智能颗粒埋入现场压实面层研究其对不同压路机的响应，结果表明从运动姿态角度来看旋转压实能很好地模拟胶轮压路机的揉搓作用。Han-Cheng Dan 等利用智能颗粒对现场和室内振动压实过程进行研究表明：振动压路机钢轮上采集的加速度、旋转压实过程智能颗粒采集的应力或者埋入面层的智能颗粒采集的加速度和应力均可以用来评估沥青混合料的压实特性。此外，Han-Cheng Dan 等基于智能颗粒对室内旋转压实进行了压实特性研究，发现压实过程智能颗粒的平均应力能反映材料的压实度变化趋势。

综上，基于压实试件高度变化定义旋转压实嵌锁点，不能直接反映试件压实过程刚度变化。研究表明，动态响应加速度峰值与压实材料刚度有很强的相关性。Polaczyk 等在马歇尔击实仪的击实锤上安装了加速度传感器，用来记录冲击压实过程中的动态响应数据。经滤波分析后，根据每次冲击瞬间的脉冲波形提出了一种基于压实过程动态响应的冲击压实嵌锁点判定方法。而基于智能颗粒对旋转压实的研究成果来看，无论从运动姿态、加速度或者应力角度，目前仍没有能够很好地量化热拌沥青混合料旋转压实嵌锁点，原因可能是多样的。智能颗粒作为一种蓝牙数据采集传感器，尺寸、试验温度、信号强弱、采样频率以及数据后处理方法等都有可能对分析结果产生影响。

7.1 研究目标及内容

本次研究目的主要有两个：一是基于智能颗粒，从细观角度研究能够量化表征旋转压实特性的指标（例如加速度、应力），该指标同时能反映材料刚度变化，并寻找一种合适的滤波手段消除噪声干扰，随着这个表征指标压实曲线的变化趋稳，在此临界点处对应的旋转压实次数即可用来定义旋转压实嵌锁点；二是初步尝试将新的表征指标应用于研究现场压实质量控制过程。

研究内容：室内试验部分，通过采集智能颗粒在沥青混合料试件不同位置旋转压实过程中感应数据（温度、加速度、四元数和应力），滤波处理后分析旋转压实过程各数据指标的变化规律，确定一种能反映压实过程变化的表征方法；现场试验部分，在实际工程施工过程中埋入智能颗粒，监控整个摊铺压实过程实测数据变化，进一步验证室内指标用于指导现场压实质量控制的可行性。

7.2 材料和试验方法

7.2.1 材料及设备

7.2.1.1 原材料

考虑到本次采用的智能颗粒最小尺寸（23mm×23mm×23mm），为尽可能减少颗粒尺寸对沥青混合料压实特性的影响，本次研究依托北横通道新建一期（西段）、二期工程，选取 AC-20C（最大粒径 26.5mm）沥青混合料作为旋转压实研究对象。同时，为了让室内试验数据与现场压实数据更具可比性，本次沥青混合料采用拌和楼最终生产配合比。表 7.1 和表 7.2 为粗集料与矿粉原材料的基本技术指标。表 7.3 为沥青原材料的基本技术指标。

粗集料基本技术指标　　　　表 7.1

试验项目	单位	实测值	技术要求
压碎值	%	23.5	不大于 28
针片状含量	%	12.5	不大于 15
<0.075mm 颗粒含量	%	0.7	不大于 1.0
黏附性	—	5	不小于 4 级

填料（矿粉）基本技术指标　　　　表 7.2

试验项目		单位	试验结果	指标
视密度		g/cm³	2.705	不小于 2.50
含水率		%	0.4	不大于 1
粒度范围	<0.6mm 部分	%	100	100
	<0.15mm 部分		93.2	90~100
	<0.075 部分		87.5	85~100
外观		—	无团粒结块	无团粒结块
亲水系数		—	0.81	小于 1.0

沥青基本技术指标　　　　　　　　表7.3

试验项目	单位	改性沥青指标	试验结果
针入度(25℃,100g,5s)	0.01cm	40～60	50
延度(5cm/min,5℃)	cm	≥20	34
软化点(环球法)	℃	≥60	79.5
密度(25℃)	g/cm³	实测记录	1.031

表7.1～表7.3中,原材料各项指标经检验均满足《公路沥青路面施工技术规范》(JTG F40—2004)的要求。AC-20C沥青混合料集料生产级配曲线如图7.1所示。

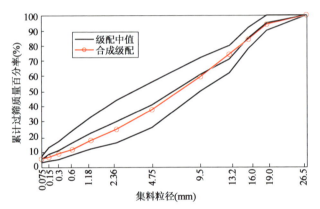

图7.1　AC-20C沥青混合料集料生产级配曲线

表7.4为AC-20C沥青混合料最终确定生产配合比,最佳油石比确定为4.2%。混合料体积特性和力学指标见表7.5,均满足规范要求。

AC-20C沥青混合料生产配合比　　　　　　　　表7.4

类别	0～3mm	3～5mm	5～10mm	10～15mm	15～25mm	矿粉	沥青
比例(%)	27	10	19	15	26	3	4.2

AC-20C沥青混合料的体积特性和力学指标汇总表　　　　　　　　表7.5

混合料特性	单位	试验结果	标准要求
空隙率	%	4.4	3～6
矿料间隙率	%	13.4	≥13.0
沥青饱和度	%	67.2	65～75

续上表

混合料特性	单位	试验结果	标准要求
马歇尔稳定度	kN	11.1	≥8.0
流值	0.1mm	33.6	20~40
残留稳定度	%	91.5	≥85
冻融劈裂强度比	%	87.9	≥80
动稳定度	次/mm	6585	≥3500

7.2.1.2 智能颗粒

智能颗粒是针对铁路路基和公路路面的受力、变形和稳定性等的监测及预测等需求开发的超小型耐高温传感器。目前,智能颗粒主要应用有:泥石流灾害研究、边坡变形监测、桥梁冲刷监测以及铁道道砟监测研究。智能颗粒[图7.2a)]按功能可以分为三个模块:数据模块、通信模块和电源模块。它能够实时采集监测参数包括:标准时间、温度、三轴应力、四元数或大地坐标下的三维欧拉角、高精度三轴加速度。利用低功耗蓝牙技术传送数据到便携式接收器。该设备结构精巧,可定制外壳,尺寸小,可耐受120℃以内高温工作环境。图7.2b)所示为智能颗粒外壳,材料强度及与沥青混合料的黏结性能与混合料实际集料相近。智能颗粒埋入时应保持STRDAL字母标志的一面箭头朝上。图7.2c)所示为显示智能颗粒白色隔热层,确保智能颗粒埋入沥青混合料试验过程中不会因温度过高(超过120℃)而影响测量数据的准确性。图7.2d)所示为信号采集器,蓝牙信号通过天线调节强弱。信号采集器通过数据线USB接口与笔记本电脑连接,配套软件实时显示及记录智能颗粒内部传感器测量数据信息。

a)智能颗粒　　b)智能颗粒外壳　　c)智能颗粒隔热层　　d)信号采集器

图7.2　智能颗粒及信号采集器

每颗智能颗粒出厂都有唯一的 ID 识别码,且均需经过标定程序,确保温度与应力的对应关系如下：

$$U - U_0 = a \cdot f \cdot A/10 + b \cdot \ln t + c \tag{7.1}$$

式中：U——压实过程传感器记录的电压信号(V)；

U_0——压实前传感器的电压信号(V)；

f——应力值(N/m²)；

A——智能颗粒受力面积(m²)；

t——温度(℃)；

a、b、c——标定系数。

表 7.6 为本次研究采用的编号 1~3 的三颗智能颗粒温度-应力标定参数。

三颗智能颗粒温度-应力标定参数 表7.6

编号	ID	类型	方向	a	b	c	U_0
1	18:04:ED:6D:31:6E	高温型	前	−0.04771	0.09367	−0.7178	2.28
			左	−0.05377	0.127	−1.137	2.3
			下	−0.06123	0.06668	−0.6924	2.38
2	60:77:71:C6:71:45	高温型	前	−0.044	−0.06509	0.04185	2.32
			左	−0.05006	−0.06509	−0.08448	1.86
			下	−0.05262	−0.02223	−0.3959	2.04
3	60:77:71:C6:70:C4	高温型	前	−0.05348	0.09208	−0.6609	2.3
			左	−0.06735	−0.02064	−0.4156	2.44
			下	−0.05227	0.003175	−0.4239	2

7.2.1.3 Superpave 旋转压实仪

旋转压实仪选用 PINE 公司生产的设备,如图 7.3 所示。试验过程中具体参数为：压实转速 30r/min,压实旋转角 1.25°,压实应力 600kPa,成型试件模具直径 150mm。

第7章 智能颗粒在沥青路面智能压实中的应用研究

图7.3 PINE旋转压实仪

7.2.2 坐标系转换

智能颗粒包含两个坐标系:全局坐标系与局部坐标系,如图7.4所示。图中,当颗粒未发生转动时,即旋转欧拉角均为0,可将该初始状态的坐标定义为全局坐标,且不随颗粒运动而变化。智能颗粒局部坐标系则可跟随颗粒运动而变化,因此测得的加速度计应力值均在局部坐标系下。由于后续在全局坐标系下进行分析,需要对数据进行坐标系变换。这里,可以将全局坐标系下响应值记为(x,y,z),x轴和y轴代表水平方向,z轴代表竖直方向。

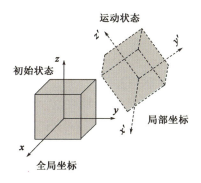

图7.4 全局坐标与局部坐标变换

由全局坐标系到局部坐标系旋转矩阵如式(7.2)所示。

$$R = \begin{bmatrix} \cos\theta\cos\psi & \cos\theta\sin\psi & -\sin\theta \\ \sin\phi\sin\theta\cos\psi - \cos\phi\sin\psi & \sin\phi\sin\theta\sin\psi - \cos\phi\cos\psi & \sin\phi\cos\theta \\ \cos\phi\sin\theta\cos\psi + \sin\phi\sin\psi & \cos\phi\sin\theta\sin\psi - \sin\phi\cos\psi & \cos\phi\cos\theta \end{bmatrix}$$

(7.2)

式中：ϕ、θ、ψ——智能颗粒实时记录的关于 x 轴、y 轴、z 轴的旋转欧拉角。

需要指出的是，此处旋转角度记录顺序为：先绕 x 轴旋转，再绕 y 轴旋转，最后绕 z 轴旋转。

记全局坐标系下向量 $x \in R_3$，旋转矩阵 R 左乘该向量即可得到局部坐标系下向量 x'：

$$x' = Rx \tag{7.3}$$

因此，根据局部坐标系下测试值 x'，可按照下式变换到全局坐标系：

$$x = R^{\mathrm{T}} x' \tag{7.4}$$

7.2.3　室内和现场试验

为验证选定表征压实特性指标的实用性，本次研究分为室内和现场试验两部分。具体实施方案如下。

7.2.3.1　室内试验

室内试验主要研究旋转压实过程智能颗粒的相关响应数据，如温度、加速度、四元素以及应力等。试验单个试件取样均为4.8kg，沥青混合料拌和温度180℃，压实温度160~170℃，旋转次数均为120次。智能颗粒在旋转压实前埋入沥青混合料，本次试验设计埋入位置分别为试件上部、中部和下部。图7.5所示为智能颗粒位于试件上部。每个试件每次仅埋入一颗智能颗粒进行压实，避免因智能颗粒间距过近而造成相互信号干扰。

根据智能颗粒在不同位置采集的信号数据，本次研究重点分析应力、加速度和欧拉角在旋转压实过程中的变化特征。其中，应力和加速度每次采样间隔设置为10ms，四元数每次采样间隔设置为60ms，可以保证数据采集过程数据包丢失较少。欧拉角数据可通过四元数转换得到。原始数据需要经历坐标转换及滤波降噪过程，尽可能减少外界因素干扰，从而找出合适的表征压实特性指标以及智能颗粒合适的埋入位置。

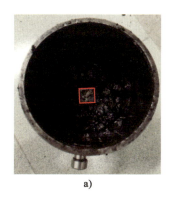 

图7.5　智能颗粒埋入试件压实前后

7.2.3.2　现场试验

现场试验路段位于上海市嘉定区S7公路项目。钢筋混凝土桥面下面层AC-20C（厚10cm）摊铺压实过程中，紧接摊铺机摊铺后埋入智能集料，采集初压、复压及终压过程的原始数据，如图7.6所示。同样，应力、加速度以及四元数每次采样间隔设置与室内试验相同。现场压实过程大致为：双钢轮压路机（12t）初压两遍（前进时静压，后退时振动），轮胎压路机（18t）复压4~5遍，最后双钢轮压路机终压1~2遍（静压）。

a)埋入前　　　　　　b)埋入后　　　　　　c)压路测试中

图7.6　智能颗粒埋入下面层AC-20C

7.2.4　嵌锁点判定方法

根据智能颗粒测试响应（即应力、加速度与旋转角）结果，提取它们随旋转次数变化的信息来构建判定指标，判断试件是否达到嵌锁点。当试件在旋转压实的作用下，智能颗粒测得的动态响应类似三角弦函数，如图7.7所示（智能颗粒测得的z轴方向应力部分测试值),每旋转压实一次均有极大值与极小值,两者之差表示响应值的变化幅度,两者平均为响应值的均值,它们均会随着压实的进行发生变化。

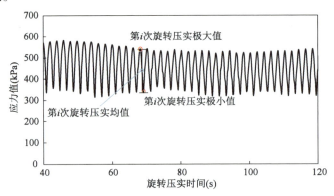

图7.7 智能颗粒测试z轴方向测试应力值

理论上,当试件达到嵌锁点状态后,排除测试噪声干扰,前后次旋转压实存在响应值变化幅度应该达到稳定值。因此,我们建立动态响应变化率指标R_s来表征测试响应值随每次旋转压实的变化幅度,计算公式如下:

$$R_s = \frac{S_{\max} - S_{\min}}{\frac{1}{2}(S_{\max} + S_{\min})} = \frac{S_{\max} - S_{\min}}{S_{\text{mean}}} \quad (7.5)$$

式中:$S_{\max}$、$S_{\min}$——每次旋转压实测试值的极大值与极小值;

S_{mean}——每次旋转压实测试动态响应极大值与极小值的平均值。

为了计算动态响应值变化幅度的波动情况,在计算R_s的基础上,定义波动指标$\Delta R_{s,i}$。首先计算第$i \sim i+m$次R_s的平均值$R_{\text{smean},i}$与最大值$R_{\text{smax},i}$,i依次从$(1\sim120-m)$取值,$m \geq 2$,计算公式如下:

$$R_{\text{smean},i} = \frac{1}{m+1} \sum_{i}^{i+m} R_{s,i} \quad (7.6)$$

$$R_{\text{smax},i} = \max(R_{s,i}, R_{s,i+1}, \cdots, R_{s,i+m}) \quad (7.7)$$

取i次$R_{\text{smax},i}$与$R_{\text{smean},i}$的差值作为第i次R_s的波动指标,计算公式如下:

$$\Delta R_{s,i} = R_{\text{smax},i} - R_{\text{smean},i} \quad (7.8)$$

计算$\Delta R_{s,i}$最小值ΔR_{smin}:

$$\Delta R_{\text{smin}} = \min(\Delta R_{s,i}, \Delta R_{s,i+1}, \cdots, \Delta R_{s,i+m}) \quad (7.9)$$

最后,按下式计算每i次R_s波动误差值$E_{Rs,i}$:

$$E_{\mathrm{Rs},i} = \Delta R_{\mathrm{s},i} - \Delta R_{\mathrm{smin}} \tag{7.10}$$

当计算第 j 次误差值小于误差阈值 ε 时,即判定第 j 次为旋转压实嵌锁点,判断式如下:

$$E_{\mathrm{Rs},j} = \Delta R_{\mathrm{s},j} - \Delta R_{\mathrm{smin}} < \varepsilon \tag{7.11}$$

试验中将智能颗粒分别布置在试件上部、中部、下部三个位置测试得到应力、加速度以及旋转角三个测试结果。为了减少测试外部环境以及加载设备噪声干扰,本次研究采用巴特沃斯带通滤波器对测试信号进行滤波降噪。根据滤波后的响应,按照式(7.5)计算动态响应变化率指标 R_{s}。为了消除毛刺现象,本次研究还需对 R_{s} 进行三点平滑处理。最后,根据 R_{s} 波动指标的误差值来判断嵌锁点位置。具体测试分析与判断流程如图7.8所示。温度是影响沥青混合料模量、刚度或者强度的关键因素,故本方法判断旋转压实嵌锁点需同时考虑智能颗粒实测温度变化。

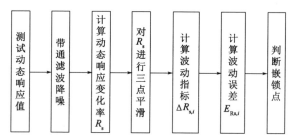

图7.8 嵌锁点分析与判断流程图

7.2.5 传统嵌锁点判定方法

传统旋转压实嵌锁点判定方法汇总见表7.7。

传统旋转压实嵌锁点判定方法汇总 表7.7

传统旋转压实嵌锁点判定方法	标记
第一次出现连续三次旋转压实高度相同时的首次旋转次数	LP3
第一次出现连续三次旋转压实高度相同且之前有两组连续两次高度相同时的首次旋转次数	LP2-2-3
第一次出现连续两次旋转压实高度相同时的首次旋转次数	LP2-1
第二次出现连续两次旋转压实高度相同时的首次旋转次数	LP2-2
第三次出现连续两次旋转压实高度相同时的首次旋转次数	LP2-3

7.3 结果分析及讨论

7.3.1 应力测试值

以下为智能颗粒放置在试件不同位置时测得三个轴方向上的应力值。当智能颗粒放置在试件上部位置时,三个轴方向应力值如图7.9所示。

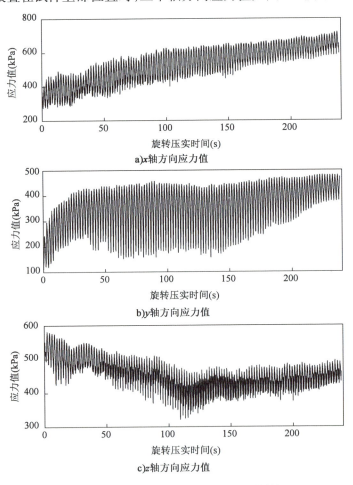

a) x 轴方向应力值

b) y 轴方向应力值

c) z 轴方向应力值

图7.9 试件上部智能颗粒三轴应力值原始数据

为了减少试验周围环境以及试验仪器对响应结果造成的噪声影响,需要对动态响应值进行滤波降噪。由快速傅立叶变换得到应力值频谱图,如图7.10所示。可以看出,三个轴方向上应力测试值基频均在0.5Hz附近,与旋转压实频率近似。

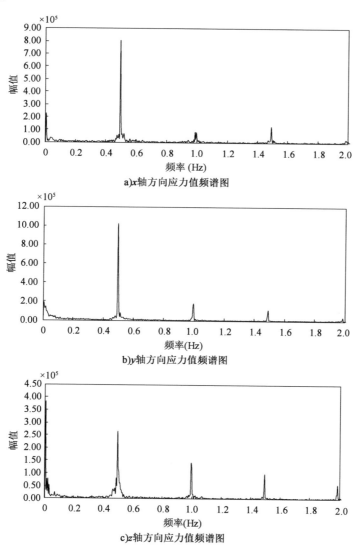

图7.10 试件上部智能颗粒三轴应力值频谱图

因此，通过巴特沃斯带通滤波器对信号进行滤波降噪，带通频率范围取 0.4~0.6Hz，滤波后应力值频谱图与滤波后应力值信号如图 7.11 所示。可以看出，在上部测试的智能颗粒三个轴方向上的应力值随着旋转压实的进行仍在持续变化，并不能稳定。原因可能跟智能颗粒直接与旋转压实上盖接触有关，所测应力值反馈的是智能颗粒与上盖(钢材料)之间的相互作用，并不能完全反映沥青混合料内部应力状态。

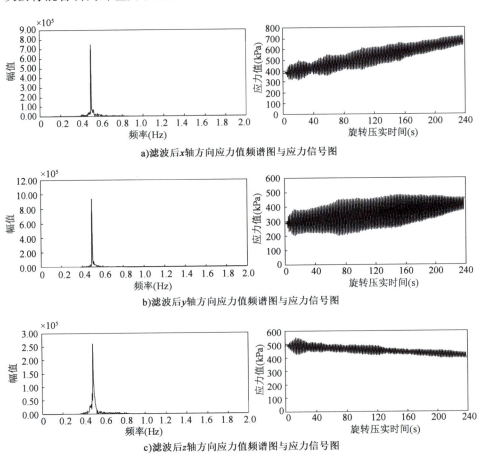

图 7.11 试件上部智能颗粒滤波后三轴应力值频谱图与应力信号图

智能颗粒放置在试件中部位置时，三个轴方向应力值以及滤波后应力值如图 7.12 所示。可以看出，智能颗粒 z 轴方向上的应力值在压实后期变化趋缓，能够达到稳定状态。而其余两个轴方向上的应力值随着压实的进行仍有一定波动。

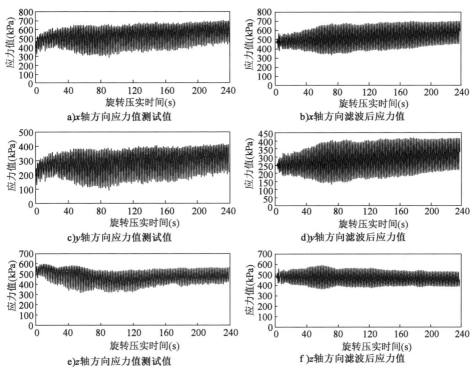

图7.12　试件中部智能颗粒测试应力值与滤波后应力值

智能颗粒放置在试件下部位置时,三个轴方向应力值以及滤波后应力值如图7.13所示。可以看出,在下部测试的智能颗粒z轴方向上的应力值同样在后期变化趋缓,能够达到稳定状态。而其余两个轴方向上的应力值随着压实的进行仍有一定波动。

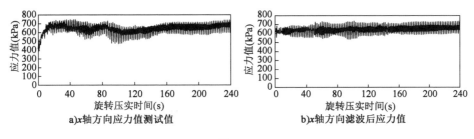

图　7.13

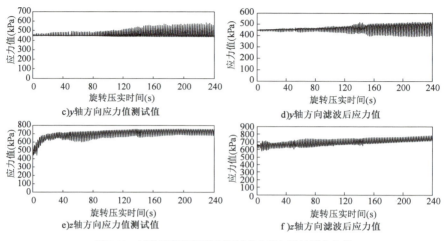

图7.13 试件下部智能颗粒测试应力值与滤波后应力值

7.3.2 加速度测试值

以下为智能颗粒放置在试件不同位置时测得三个轴方向上的加速度值。

当智能颗粒放置在试件上部位置时,三个轴方向加速度值如图7.14所示。可以很明显地看出,在上部测试的智能颗粒三个轴方向上的加速度随着旋转压实的进行仍在持续变化,并不能稳定。另外,上部测试颗粒加速度每次波动的差值很小,说明旋转压实对上部颗粒加速度的影响较小。

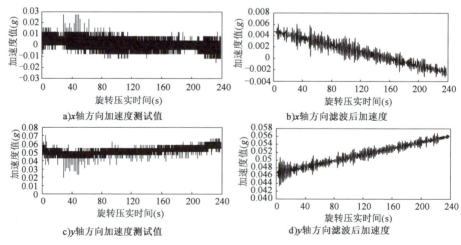

图 7.14

第7章 智能颗粒在沥青路面智能压实中的应用研究

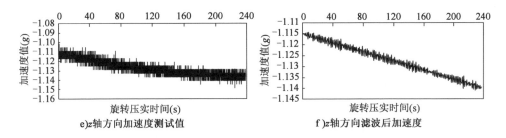

图7.14 试件上部智能颗粒测试加速度与滤波后加速度值

当智能颗粒放置在试件中部位置时,三个轴方向加速度值如图7.15所示。可以很明显地看出,在中部测试的智能颗粒三个轴方向上的加速度同样随着旋转压实的进行而变化,并不稳定。但每次压实加速度波动离散性较上部位置测试颗粒要小。

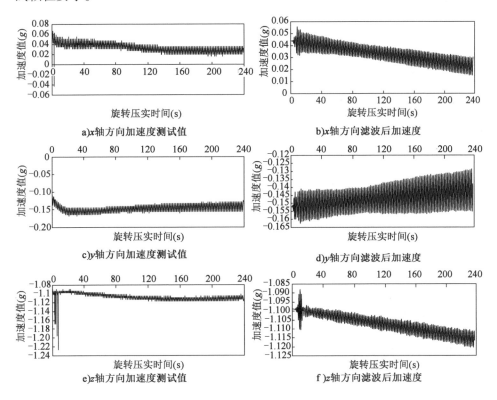

图7.15 试件中部智能颗粒测试加速度与滤波后加速度值

125

当智能颗粒放置在试件下部位置时,三个轴方向加速度值如图7.16所示。可以很明显地看出,在下部测试的智能颗粒三个轴方向上的加速度同样随着旋转压实的进行而变化,并不稳定。

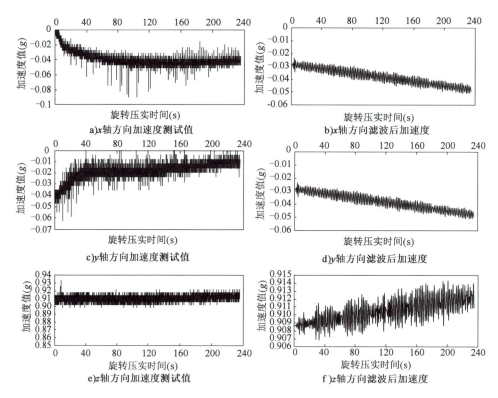

图7.16 试件下部智能颗粒测试加速度与滤波后加速度值

综上测试及滤波结果可以看出,智能颗粒加速度随旋转压实的进行并没能稳定,即使滤波后相对波动也比测试应力值要大,且由于旋转压实实质是拟静力加载,测试加速度的变化幅值很小。且加速度指标并未考虑温度影响因素,故不能将加速度测试值作为嵌锁点判定指标依据。

7.3.3 旋转角测试值

以下为智能颗粒放置在试件不同位置时测得三个轴方向上的旋转角。由于旋转压实仪按照倾斜角度绕z轴一直保持旋转。因此,绕z轴方向旋转角近似呈线性增长趋势,并不做分析,仅分析绕 x 轴与 y 轴旋转角随压实时间的变化特征。

当智能颗粒放置在试件上部位置时,三个轴方向应力值如图 7.17 所示。

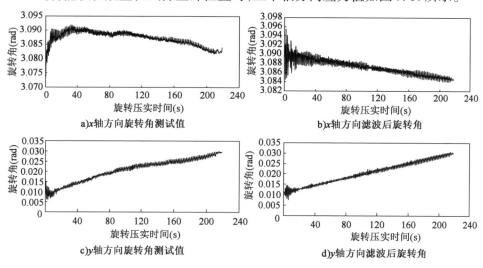

图 7.17　试件上部智能颗粒测试旋转角与滤波后旋转角

当智能颗粒放置在试件中部位置时,旋转角如图 7.18 所示。

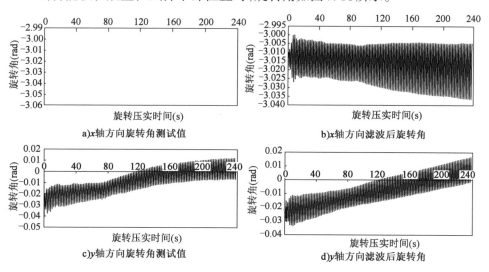

图 7.18　试件中部智能颗粒测试旋转角与滤波后旋转角

当智能颗粒放置在试件下部位置时,旋转角如图 7.19 所示。

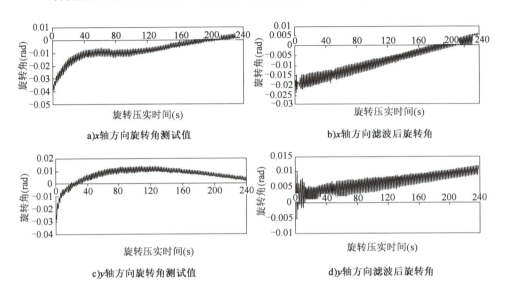

图 7.19　试件下部智能颗粒测试旋转角与滤波后旋转角

由测试及滤波结果可以看出,智能颗粒旋转角随旋转压实的进行也同样没能稳定。结合加速度结果,可以发现,对于旋转压实这一拟静力加载,作为颗粒运动响应的加速度与旋转角变化值均较小,且不能随着压实的进行而收敛。这种结果主要受沥青混合料温度变化影响很大。研究认为姿态旋转角度与加速度均不能作为嵌锁点判定指标依据。

7.3.4　嵌锁点判定

由前述可知,当智能颗粒布置在试件中部与下部位置时,测试应力值随着旋转压实的进行能达到稳定状态。因此,根据滤波后应力信号取每次旋转压实极大值与极小值,按照式(7.5)计算动态响应变化率 R_s,并对其进行三点平滑处理,消除毛刺现象。最终智能颗粒中部与下部位置测试三个轴方向上 R_s 随旋转次数的变化如图 7.20 所示。

第7章 智能颗粒在沥青路面智能压实中的应用研究

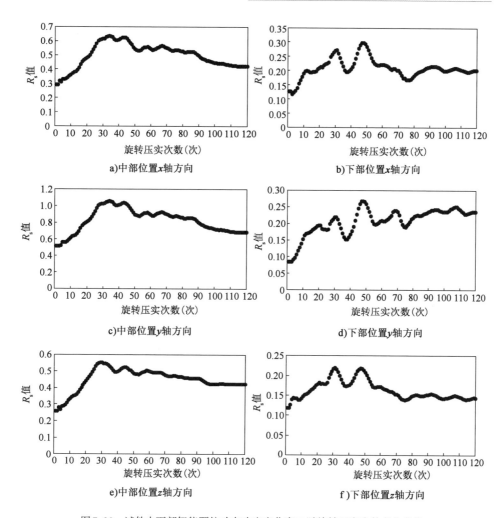

图7.20 试件中下部智能颗粒动态响应变化率R_s随旋转压实次数变化曲线

随着旋转压实的进行,两个测试位置颗粒动态响应的R_s值大致可以划分为初压阶段、中压阶段及稳压阶段三个阶段,如图7.21所示。该结果表明,本书基于智能颗粒测试应力值所提的R_s指标能够很好地反映沥青集料随旋转压实进行的受力状态变化,可以作为判断嵌锁状态的依据。取图7.20e)中智能颗粒在中部z轴方向应力值变化率R_s,则z轴向应力值变化率R_s在旋转后期出现明显的平台期。因此,嵌锁点位于中压与稳压转折处。

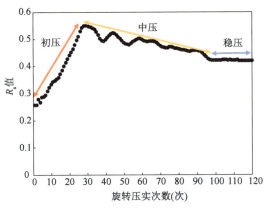

图7.21 旋转压实三阶段

在此基础上,计算中下部位置相应动态响应变化率波动指标和波动误差值,结果如图7.22所示。

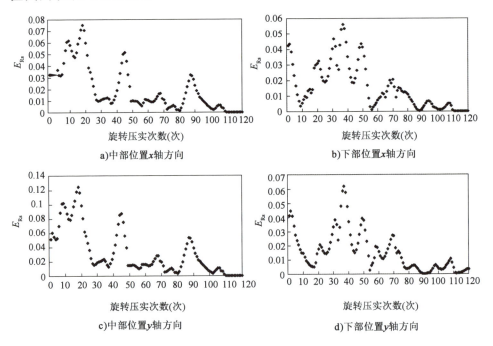

图 7.22

第7章 智能颗粒在沥青路面智能压实中的应用研究

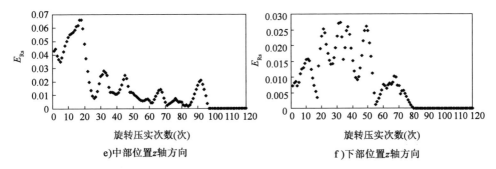

e) 中部位置z轴方向　　　　　　　f) 下部位置z轴方向

图7.22　试件中下部智能颗粒波动误差E_{Rs}随旋转压实次数变化

智能颗粒温度变化曲线如图7.23所示,从图中可以看出,压实前期温度变化比较明显,大约旋转压实90次后由于智能颗粒内外温差的逐渐缩小,温度变化趋于平稳。且每一颗智能颗粒应力指标出厂前都经过标定,也就是该指标同时考虑了使用过程温度变化的影响。根据智能颗粒测试应力值波动误差判别的嵌锁点结果见表7.8。

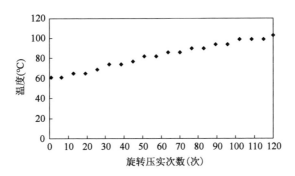

图7.23　智能颗粒温度变化曲线

应力值判别嵌锁点　　　　　　　　　　　　　　表7.8

位置	旋转压实次数(次)	
	中部位置	下部位置
x轴方向	110	111
y轴方向	110	—
z轴方向	97	80

通过旋转压实嵌锁点判定方法比较结果见表7.9。由表可以看出,传统判定方法对AC-20C不同试件的嵌锁点判定结果基本接近;根据中部智能颗粒测试判断结果,基于智能颗粒应力指标判定的嵌锁点比传统基于试件高度变化判定的嵌锁点旋转压实次数要多。对于下部智能颗粒,应力指标判定达到嵌锁的旋转次数仅比LP3和LP2-2-3少,同时也比中部智能颗粒应力指标判定结果少。说明试件内部颗粒达到嵌锁状态并非均匀的。由体积参数判断得到的试件嵌锁状态是一种整体平均状态,而由细观局部应力测试判断可以推测试件内部应力状态先从试件底端开始达到稳定,逐渐向试件中部集料完成整体应力嵌锁。因此,基于智能颗粒测试应力指标的嵌锁点判断方法不仅能够反映集料在压实过程中局部体积参数非均匀性的变化特征,还能反映结构受力演化特征。

旋转压实嵌锁点判定方法比较 表7.9

旋转压实嵌锁点判定方法		旋转压实次数(次)	
		中部位置智能颗粒	下部位置智能颗粒
基于试件高度变化	LP3	89	88
	LP2-2-3	89	88
	LP2-1	55	60
	LP2-2	61	65
	LP2-3	64	69
基于智能颗粒应力指标		97	80

由本研究提出的判断方法得到的嵌锁点结果可知,在竖向加载z轴方向应力值判断中下部位置分别为97次与80次。而两位置处水平方向应力值判断次数均比竖向应力值判断次数大,说明即使试件在竖向达到嵌锁状态后,压实仪旋转仍能对试件产生水平向搓揉效果。其中,当智能颗粒在下部位置时,y轴方向应力值到旋转压实结束时都未能达到判断标准。

7.3.5 现场测试数据

根据室内试验分析结果,现场测试部分重点在于分析应力指标变化规律。由于每一颗智能颗粒应力指标出厂前都经过标定,也就是该指标综合考虑了使用过程温度变化的影响。本节进一步通过现场试验验证该指标的实用性。

图7.24为现场第一次布设智能颗粒传感器测试所得应力值、加速度值以

第7章 智能颗粒在沥青路面智能压实中的应用研究

及姿态旋转角。压实过程为:2次双钢轮(12t)初压,前静后动;7次胶轮(18t)碾压;3次钢轮(12t)终压。图7.25则为根据姿态旋转角将局部坐标系下应力值与加速度值转换到全局坐标系下所得应力值与加速度值。由图7.25a)可以看出,初始位置时,水平向x轴与y轴初始应力值要高于z轴初始应力状态。说明当智能颗粒埋入路面中时,初始应力状态主应力方向并非处于竖向,这是由于沥青混合料颗粒间相互咬合,以及骨架非均匀性导致的。在双钢轮初压阶段,前进采用静压,而后退采用振动压实,可以看出初压第一次振动压实对智能颗粒动态响应影响明显,尤其是加速度响应。另外,振动对水平和竖向颗粒的加速度影响都比较显著。

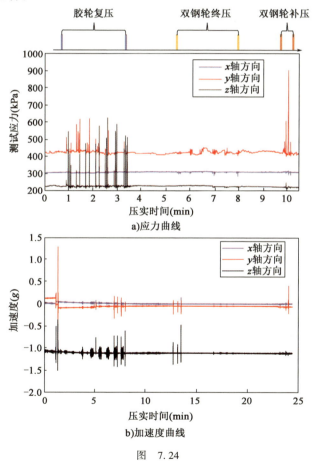

a)应力曲线

b)加速度曲线

图 7.24

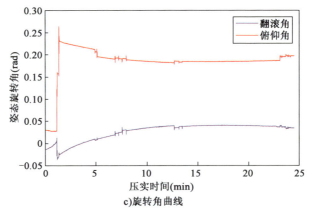

c) 旋转角曲线

图7.24 现场应力值、加速度值以及旋转角测试结果

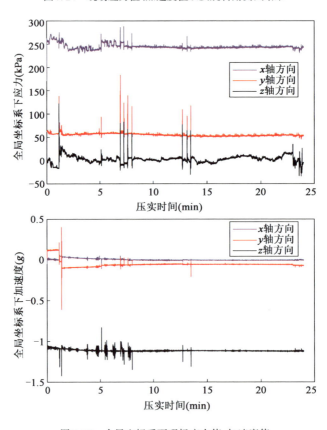

图7.25 全局坐标系下现场应力值、加速度值

进入复压阶段,相比加速度响应特征,胶轮碾压对颗粒应力值影响更为显著。其中,在前3次胶轮碾压时水平向y轴方向应力值变化幅值与竖向z轴方向应力值变化幅度相当,说明胶轮碾压具有水平向"搓揉"效果。而后3次胶轮碾压时,竖向z轴方向变化幅值则更为明显,说明经过前面初压及初步复压,水平向搓揉效果开始衰减。

终压阶段,压实对应力值以及加速度响应的变化影响较小,可认为仅具有平整效果,对改善混合料压实状态作用并不大。

图7.26所示为现场智能颗粒温度变化曲线。从图中可以看出,现场智能颗粒温度一开始变化很大,10min后,智能颗粒温度变化趋稳。15min后智能颗粒内外温差平衡,温度显示达到最大峰值并持续一段时间。20min后智能颗粒与沥青混合料温度同时平稳下降,并保持一段时间温度稳定平台。因此,对应现场应力峰值指标的变化规律,压实后半段温度影响不大。

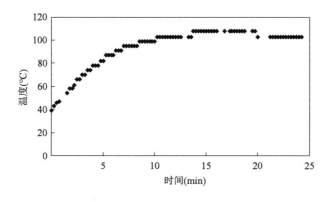

图7.26 现场智能颗粒温度变化曲线

由于本次智能颗粒最大采样频率仅为振动压实频率的2倍左右,并不能很好地反映出真实的振动压实特性,故本次研究主要考虑胶轮复压阶段混合料压实动态响应变化特征。由上述分析可知,胶轮碾压对智能颗粒应力值的影响比对加速度的影响大,因此提取三个轴方向应力值峰值与应力值变化幅值,如图7.27所示。图中,黄色标点为2次钢轮初压阶段,黑色为胶轮复压阶段,红色为钢轮终压阶段。胶轮碾压作用下,水平向y轴与竖向z轴的应力值均有收敛变化的特征,其中z轴方向应力幅值变化较为明显。

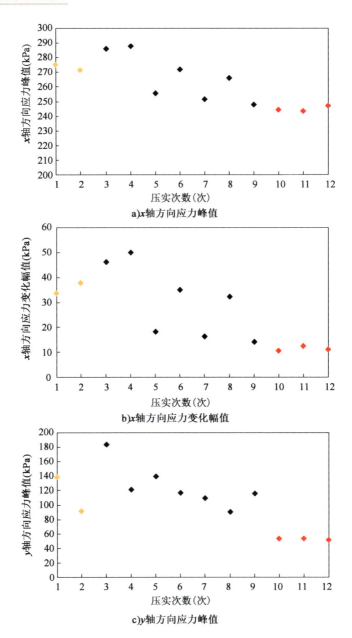

a) x 轴方向应力峰值

b) x 轴方向应力变化幅值

c) y 轴方向应力峰值

图 7.27

第7章 智能颗粒在沥青路面智能压实中的应用研究

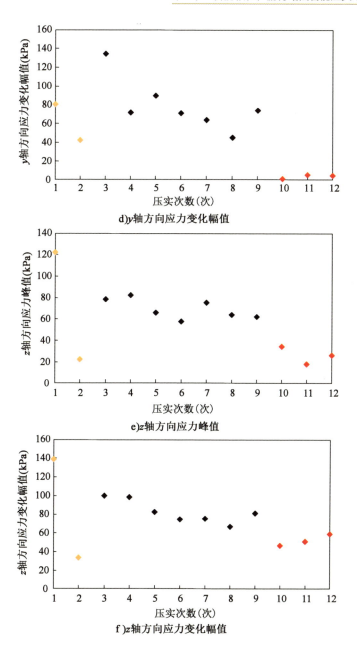

d) y 轴方向应力变化幅值

e) z 轴方向应力峰值

f) z 轴方向应力变化幅值

图 7.27 现场智能颗粒三轴应力峰值与变化幅值

研究根据三轴方向应力值计算压实合力值,如图7.28所示;从图中可以看出,应力合力最大值为343.1kPa,小于一般现场压实应力经验值600kPa,说明机械压实过程中混合料应力非均匀性。图7.29中提取了压实合力值的峰值以及幅值特征;从图中可以看出,胶轮碾压阶段,压实合力变化幅值随着压实次数呈现显著收敛特征。

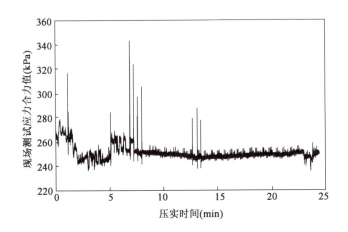

图7.28 现场智能颗粒应力合力测试值

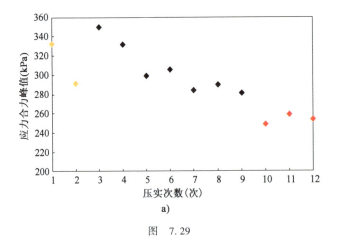

图 7.29

第7章 智能颗粒在沥青路面智能压实中的应用研究

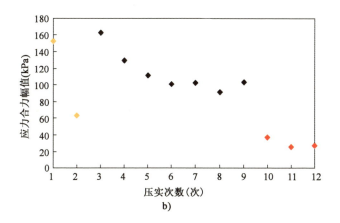

b)

图7.29 现场智能颗粒应力合力测试峰值与幅值

图7.30为第二次现场测试结果;从图中可以看出,这次现场测试由于施工人员失误,导致未进行钢轮初压,首先进行胶轮复压,然后进行终压,最后进行了钢轮振动补压。图7.31为全局坐标系下智能颗粒应力值与加速度值;从图中可以看出,由于未进行初压振动,即使进行了胶轮碾压,最后进行钢轮振动补压时,仍会对颗粒加速度以及颗粒运动姿态产生较大影响。图7.32为第二次现场测试应力合力值;从图中可以看出,由于缺乏初期振动压实,在胶轮碾压过程中,应力值变化没有呈现显著收敛特征。说明压实中前期振动压实对后期压实嵌锁状态的必要性。

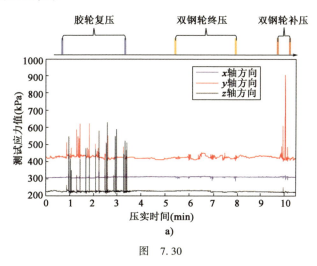

a)

图 7.30

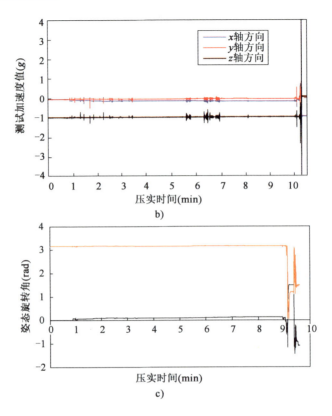

图 7.30 第二次现场智能颗粒测试原始数据

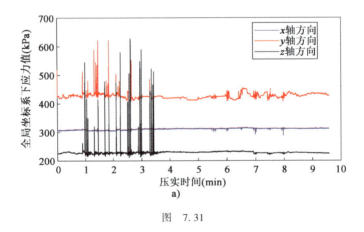

图 7.31

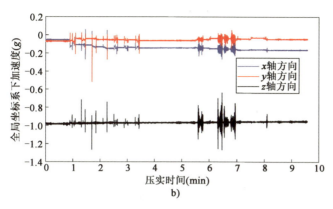

图 7.31 第二次现场智能颗粒测试全局坐标数据

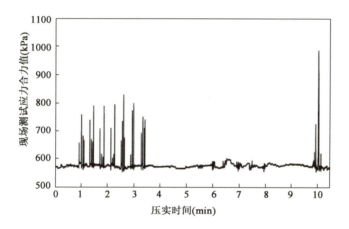

图 7.32 第二次现场测试应力合力曲线

7.4 小结

本次研究基于智能颗粒埋入试件三个不同位置采集的各项指标,对沥青混合料压实过程进行了全方位的探索分析。不同于传统的基于试件高度变化判定嵌锁点方法,研究从应力、角速度以及颗粒运动姿态的角度,结合室内及现场试验,分析得出主要结论如下:

(1)上部测试的智能颗粒三个轴方向上的应力值随着旋转压实的进行持续

变化，并不能稳定。

（2）中部及下部测试的智能颗粒z轴方向上的应力值在压实后期变化趋缓，能够达到稳定状态。而其余两个轴方向上的应力值随着压实的进行仍有一定波动。

（3）由于加速度指标未考虑沥青混合料温度影响，不同位置测试的智能颗粒加速度随旋转压实的进行并没能稳定，即使滤波后相对波动也比测试应力值要大，且旋转压实过程中压头荷载保持恒定，测试加速度的变化幅值很小。故无法将加速度测试值作为嵌锁点判定指标。

（4）同样，未考虑温度影响因素，不同位置测试的智能颗粒旋转角随旋转压实的进行一直波动，也不能作为嵌锁点判定指标。

（5）中部及下部测试位置颗粒动态响应的R_s值大致可以将压实过程划分为三个阶段。同时应力指标考虑了温度变化因素，本书基于智能颗粒测试应力值所提的R_s指标能够很好地反映沥青骨架结构随旋转压实进行的受力状态变化，可以作为判断嵌锁状态的依据。

（6）智能颗粒埋入现场，可以监控各种压路机压实遍数，防止漏压。同时考虑混合料内部温度变化影响，初步证实与室内旋转压实类似，胶轮复压阶段，压实合力变化幅值随着压实次数呈现显著收敛特征，即达到施工嵌锁状态。

第8章 典型工程实践

8.1 崇明生态大道新建工程

8.1.1 试验段概况

崇明生态大道新建工程全长约38km,是上海市崇明区打造的继陈海公路、北沿公路等之后又一条东西向交通大动脉。道路等级为城市主干道,分为公路段和城镇段,规划红线的宽度为40~50m,双向4~6车道,城镇段和公路段的设计行车速度分别为40~60km/h和80km/h,此外预留了快速公交系统。沥青路面总厚度为16cm,上面层为4cm的WSMA-13,中面层为5cm的WAC-20,下面层为7cm的WAC-25,沥青路面全程采用温拌沥青,中下面层的混合料摊铺温度基本在110℃以上,上面层摊铺温度基本在130℃以上。

本次无人化施工试验段选取老向化公路与北瀛东路之间的其中一段,桩号为K27+600~K27+900,摊铺净宽7.4m,选择中面层WAC-20C和下面层WAC-25C为试铺层。现场采用2台沥青摊铺机、3台双钢轮压路机、2台胶轮压路机协作施工。

8.1.2 施工过程控制

8.1.2.1 材料和设备配置

WAC-25C和WAC-20C生产配合比见表8.1。沥青混合料生产采用上海崇明公路物资有限公司的AMM4000型拌和机进行沥青混合料的生产,具体施工机械见表8.2。

崇明生态大道沥青混合料生产配合比(%) 表8.1

规格	0~3mm	3~5mm	5~15mm	15~25mm	25~31.5mm	矿粉	沥青	温拌剂用量
WAC-25C	23	9	31	21	14	2	4	2
WAC-20C	26	8	34	30	—	2	4.4	2

崇明生态大道新建工程施工机械 表8.2

设备名称	型号	关键参数	单位	数量
沥青混合料拌和楼	4000型	生产能力260t/h	台	1
装载机	ZL50E	吨位5t	台	3
沥青混合料摊铺机	SAP120C-8	—	台	2
双钢轮振动压路机	STR130C-8S	—	台	3
轮胎式压路机	SPR300C-8	—	台	2
平板夯	—	—	台	1
洒水车	长春JX	吨位8t	辆	1
运输车辆	—	吨位≥25t	台	8

8.1.2.2 无人压实设备参数

根据实际观测,摊铺机起步阶段摊铺速度为1m/min,随后逐渐提速至预设速度。此外,根据摊铺机温度传感器对温度数据的采集,显示摊铺温度基本控制在110℃以上,满足规范要求。压路机参数见表8.3。

崇明生态大道新建工程压路机参数 表8.3

设备型号	压实速度(m/min)		与花坛路沿石边距(cm)	
	下面层	中面层	下面层	中面层
双钢轮1(初压)	2.87	2.87	5.72	5.66
双钢轮2(初压)	2.89	2.74	1.9	1.84
轮胎1(复压)	3.86	3.31	3.6	3.42
轮胎2(复压)	3.05	2.35	3.66	3.60
双钢轮3(终压)	3.2	3.05	3.7	3.69

施工路段为曲线段,具体摊铺路径如图8.1~图8.3所示,在整个无人碾压施工过程中,压路机沿着固定的曲线前行。初压阶段,使用两台双钢轮压路机碾压,其行驶路径不产生交叉;复压阶段,使用两台胶轮压路机碾压,两台胶轮压路机呈现一前一后的排布方式;终压阶段,使用1台压路机往返碾压,碾压遍数见表8.4。崇明生态大道施工现场如图8.4所示。

碾压遍数　　　　　　　　表8.4

施工工艺	初压	复压	终压	总遍数
上面层	2.5	3	1	6.5
中面层	3	3	1	7

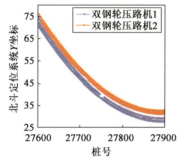

图8.1 双钢轮振动压路机行进轨迹图
（初压、大桩号到小桩号）

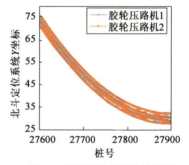

图8.2 胶轮压路机行进轨迹图
（复压、大桩号到小桩号）

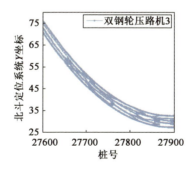

图8.3 双钢轮压路机行进轨迹图(终压、大桩号到小桩号)

图8.4 崇明生态大道施工现场

8.1.3 应用效果

施工结束后进行质量检测,检测结果见表8.5。路面的压实度、平整度均能达到要求,但厚度偏大,说明此次无人化施工过程中摊铺机熨平板控制和3D找平技术仍有精进空间。

崇明生态大道新建工程施工质量检测结果　　　　表8.5

质量控制指标	压实度（%）		平整度(3m直尺检测均值)（mm）	厚度（cm）	
	中面层	下面层	中面层	中面层	下面层
规范或设计要求	93.0	93.0	≤5.0	5.0	7.0
无人施工段检测结果	94.8	94.4	1.6	5.8	8.1

8.2 G15沈海高速公路嘉浏段拓宽改建工程

8.2.1 试验段概况

G15沈海高速公路嘉浏段是上海市对外省市交通的重要通道,同时也是上海高速路网中的重要组成部分。试验路段位于上海市境内的最北端,起点为沪苏省界的浏河大桥中心（K1253+131），终点为嘉浏互通（K1265+698.906），全长约12.6km。

2022年11月26日在G15沈海高速公路嘉浏段拓宽改建工程开展无人驾驶摊铺试验段施工，施工桩号为K1258+450～K1258+720，施工宽度9.5m²，施工面积2565m²（图8.5）。施工时间14:00～16:00，施工材料AC-20C（嘉浏专用改性），施工厚度6cm。摊铺设备包含2台无人摊铺机；3台无人双钢轮和3台无人胶轮。

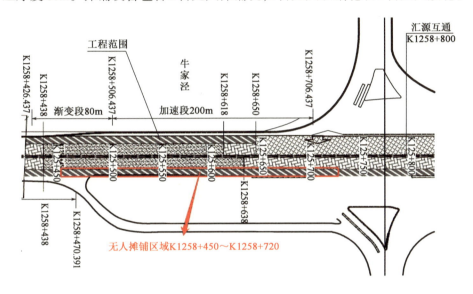

图8.5　G15沈海高速公路嘉浏段道路结构

G15沈海高速公路嘉浏段拓宽改建工程充分利用物联网架构的传感技术，实时采集沥青路面施工全过程数据信息并通过通信模块上传到服务器，动态反映工程质量情况，实现对工程质量的控制。系统的分析预警机制可以及时分析质量问题，发现质量波动情况，确保工程质量。该系统实现了沥青混合料拌和、运输、摊铺、碾压全过程、实时、连续监控，可替代传统的事后检测、抽样检测的模式，有效提高沥青路面施工质量。

8.2.2　施工过程控制

整套智能管控系统包括沥青拌和楼管控系统、运输管控系统、摊铺管控系统和碾压管控系统，形成了可以监控整个拌和及摊铺过程的体系。

8.2.2.1 拌和过程监控

拌和过程采用拌和楼管控系统监控,其能够监控热料、沥青、矿粉和添加剂的投放、沥青和集料加热温度、混合料拌和温度和拌和时间等关键指标并进行分析预警,能够有效地监控拌和过程中的参数变化。系统每隔一分钟进行一次刷新,实时将最新的生产数据展现给操作人员。运输管控系统能够准确识别运输车进出拌和场、进出摊铺现场情况,具备管控和溯源运输时间的功能。图8.6为拌和楼管控系统的监控数据,显示了当前生产的用料情况。当前数据显示用料情况正常,可进行正常生产。

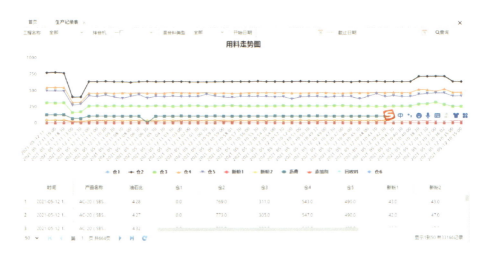

图8.6 拌和楼管控系统监控数据

8.2.2.2 摊铺过程监控

通过摊铺管控系统,能够实时查看现场每台摊铺机和压路机的实时和历史监控数据,以及摊铺机桩号位置、摊铺温度、摊铺速度和压实遍数(按车道),并将信息以列表、动态曲线图和彩图等形式呈现;通过智能摊铺监控系统可以观测实时施工情况。摊铺设备数据监控界面和摊铺设备行进轨迹分别如图8.7和图8.8所示。

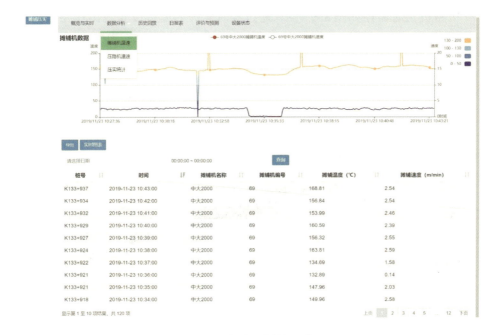

图 8.7　摊铺设备数据监控

图 8.8　摊铺设备行进轨迹

8.2.2.3　压实过程监控

压实管控系统可以在压实过程中测量碾压速度、碾压温度和碾压次数,并以彩图的形式简洁化和可视化地将以上信息展现在计算机屏幕上。远程管理人员可以通过查看屏幕来实时监控现场碾压状况,从而进行指导施工,防止超压和欠压,同时,包括碾压遍数彩图、碾压温度彩图,并可以对碾压遍数、碾压温度进行汇总分析。

压路机实时监控如图8.9所示，通过实时监控界面可以查看出压路机的碾压位置、次数、温度等信息，图中灰色方框显示了压路机速度、压路机当前碾压温度、压路机位置和压路机车牌等信息。

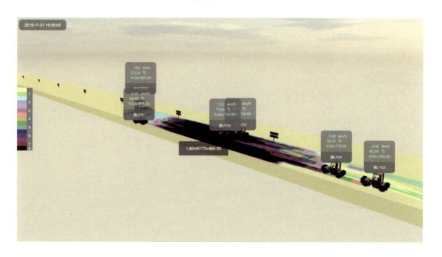

图8.9　压路机实时监控

按段落桩号、车道划分统计单元。当前按每10m，通过数据统计显示每个断面的碾压遍数，如图8.10所示。嘉浏段拓宽改建施工现场以及相应的碾压静态图如图8.11和图8.12所示。可以看出，碾压静态图可以更方便快捷地获取实时碾压情况，超压、漏压区域一目了然。

概览与实时　数据分析　历史回放　日报表　评价与预测　设备状态

导出

查询　2019-11-20 ~ 2019-11-20　06:00:00 ~ 18:00:00　查询　静态图

日期	桩号	车道1	车道2	车道3	车道4	车道5	车道6	遍数	路幅	层位	均温(℃)	速度(Km/h)	评分
2019-11-20 12:40:20	136150	0.0	6.2	1.5	0.8	0.9	3.3	3.7	右幅	下面层	91.1	6.0	
2019-11-20 12:40:05	136130	0.0	4.7	1.2	1.0	0.8	2.4	3.4	右幅	下面层	83.0	5.5	
2019-11-20 12:36:35	136190	0.0	7.2	1.7	1.0	1.7	5.3	4.9	右幅	下面层	90.8	5.2	
2019-11-20 12:31:59	136200	0.0	6.2	1.5	1.0	1.1	4.9	4.3	右幅	下面层	92.6	5.3	
2019-11-20 12:31:15	136160	0.0	6.9	1.5	1.0	1.1	6.3	4.3	右幅	下面层	90.2	5.6	
2019-11-20 12:24:56	136170	0.0	8.6	2.1	1.5	1.2	8.4	5.9	右幅	下面层	86.1	5.2	
2019-11-20 12:09:22	136180	0.0	8.0	2.0	0.9	1.1	6.9	4.9	右幅	下面层	86.4	5.1	
2019-11-20 11:36:26	136310	0.0	6.4	1.8	1.2	1.7	7.2	5.4	右幅	下面层	97.6	5.6	
2019-11-20 11:36:18	136320	0.0	6.9	1.7	0.9	1.6	8.2	4.9	右幅	下面层	101.1	5.7	
2019-11-20 11:34:39	136260	0.0	5.1	1.2	0.9	1.1	6.5	3.8	右幅	下面层	102.4	5.4	

显示第21至30项结果，共80项　上页 1 2 3 4 5 … 8 下页

图8.10　压实遍数统计

第8章 典型工程实践

图 8.11 嘉浏段拓宽改建施工现场

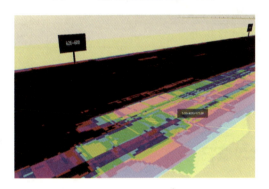

图 8.12 碾压结果静态展示

8.2.3 应用效果

路面参数的检测依照《公路沥青路面施工技术规范》(JTG F40—2004)进行,路面构造深度、渗水系数和压实度见表 8.6~表 8.8。可以看出,路面的构造深度、渗水系数、压实度等都满足规范要求。

路面构造深度　　　　　　　　　　　表 8.6

时间	桩号	构造深度(m)	评判标准(m)	备注
2021.7.31	K1260+728	0.84	≥0.7且≤1.1	合格
2021.7.31	K1260+895	0.91		
2021.7.31	K1261+147	0.87		
2021.7.31	K1261+301	0.83		

路面渗水系数 表8.7

时间	桩号	渗水系数(mL/min)	评判标准(mL/min)	备注
2021.7.16	K1258+963			
2021.7.16	K1258+974	62	≤120	合格
2021.7.16	K1258+996			

路面压实度 表8.8

时间	桩号	混合料类型	试件密度（g/cm³）	马氏压实度（%）	评判标准（%）	理论压实度（%）	评判标准（%）	备注
2021.7.16	K1253+726	AC-25	2.4	98.1		93.5		
2021.7.16	K1253+595	AC-25	2.4	98.2	≥96	93.6	≥92	合格
2021.7.16	K1254+538	AC-25	2.4	98.6		94.2		

8.3 G228公路新建工程

8.3.1 试验段概况

G228公路新建工程(FX II-LM-1标)位于上海市—浙江省界中老龙泉港以东,海湾路以东的南芦公路。无人摊铺中面层试验段工程于2022年11月24日进行。本次试验段工程施工选在主线机动车道K38+380～K380+680,全长300m,路幅宽度10.9m(摊铺净宽)。沥青路面中面层设计采用AC-20C(岩沥青改性)级配,设计结构层厚度均为6cm。

8.3.2 施工过程控制

经上海市市政公路工程检测技术有限公司验证后确定沥青混合料AC-20C目标配合比和生产配合比,生产配合比数据见表8.9。混合料生产采用上海道机沥青混凝土有限公司的ACP3000型拌和机,摊铺采用三一重工股份有限公司智能团队开发的摊铺设备,具体施工机械见表8.10。本次摊铺共耗时2h,共摊铺沥青混合料约382t。G228公路施工现场如图8.13所示。

第8章 典型工程实践

G228公路新建工程沥青混合料生产配合比(%) 表8.9

规格	仓5	仓4	仓3	仓2	仓1	矿粉	岩沥青	沥青用量
AC-20C	15	21	25	12	22	2	3	3.5

G228公路新建工程施工机械 表8.10

设备名称	型号	关键参数	单位	数量
沥青混合料拌和楼	ACP3000型	生产能力 240t/h	台	1
沥青混合料摊铺机	SAP90C-8	—	台	2
双钢轮振动压路机	STR130C-8C	—	台	3
轮胎式压路机	SPR300C-8W3N	—	台	2
平板夯	—	—	台	1
洒水车	程力威牌CLW	吨位 8t	辆	1
运输车辆		吨位≥25t	台	6

a)

b)

c)

图8.13 G228公路施工现场

8.3.3 应用效果

采用激光平整度仪检测无人摊铺试验段和传统摊铺路段的路面的平整度，

并依照《公路沥青路面施工技术规范》(JTG F40—2004)测试了路面构造深度、渗水系数和压实度。检测结果见表 8.11～表 8.16。

无人摊铺激光平整度仪检测数据(mm)　　　　　表 8.11

桩号	一车道		二车道		三车道	
	左	右	左	右	左	右
K38+400	2.13	2.284	2.01	1.902	2.033	2.279
K38+420	2.123	1.829	2.06	2.435	1.891	1.887
K38+440	1.623	1.665	1.443	1.358	1.554	1.631
K38+460	1.474	1.423	1.826	1.886	1.845	1.867
K38+480	1.462	1.315	1.473	1.724	1.681	1.692
K38+500	1.385	1.114	1.754	1.792	1.428	1.493
K38+520	1.416	1.365	1.333	1.369	1.143	1.446
K38+540	1.488	1.665	1.618	1.305	1.152	1.245
K38+560	1.272	1.393	1.124	0.961	1.199	1.041
K38+580	1.337	1.381	1.517	1.318	1.43	1.222
K38+600	1.368	1.439	1.689	1.499	1.581	1.448
K38+620	1.109	1.009	1.2031	1.175	1.431	1.474
K38+640	1.431	1.462	1.263	1.188	1.548	1.041
K38+660	0.857	1.06	0.964	0.89	0.915	0.926
K38+680	1.411	1.442	1.42	1.125	1.267	1.046
平均值	1.457		1.488		1.461	

传统摊铺激光平整度仪检测数据(mm)　　　　　表 8.12

桩号	一车道		二车道		三车道	
	左	右	左	右	左	右
K38+400	1.008	1.183	1.176	1.201	1.207	1.464
K38+420	1.623	1.728	1.823	1.345	1.445	1.149
K38+440	1.255	1.757	1.654	1.122	0.981	1.333
K38+460	1.016	1.232	1.231	1.254	1.266	1.409
K38+480	1.154	1.377	1.354	1.145	1.164	1.45
K38+500	1.248	1.55	1.622	1.135	1.065	1.372
K38+520	1.458	1.785	1.774	1.422	1.412	1.244

续上表

桩号	一车道		二车道		三车道	
	左	右	左	右	左	右
K38+540	1.463	2.062	2.061	1.776	1.779	1.886
K38+560	1.736	2.1	1.987	1.987	2.022	2.544
K38+580	1.431	1.612	1.512	1.775	1.806	1.806
K38+600	1.83	1.861	1.764	3.315	3.557	3.315
K38+620	1.694	2.101	2.014	1.425	1.48	1.202
K38+640	3.485	4.237	2.314	1.245	1.335	1.09
K38+660	2.278	2.165	2.155	1.874	1.883	1.661
K38+680	1.247	1.295	1.235	1.645	1.721	1.405
平均值	1.732		1.644		1.615	

无人摊铺段渗水测量数据　　　　表8.13

检测桩号	渗水系数(mL/min)	检测桩号	渗水系数(mL/min)
K38+410	9	K38+550	25
K38+485	34	K38+585	3
K38+500	32	K38+620	36
K38+520	63	K38+650	2

传统摊铺段渗水测量数据　　　　表8.14

序号	检测桩号	渗水系数(mL/min)	评判标准(mL/min)	备注
1	K38+340	55	≤120	合格
2	K38+505	27		合格
3	K38+570	76		合格
4	K38+640	60		合格

无人摊铺段密实度测量数据　　　　表8.15

序号	检测桩号	横距	压实度(%)				备注
			马歇尔	设计	理论	设计	
1	K38+425	距中3.5m	98.5	≥96	94.5	≥92	合格
2	K38+500	距中8.0m	98.4		94.4		合格
3	K38+550	距中7.0m	98.3		94.3		合格
4	K38+620	距中9.5m	98.1		94.1		合格

传统摊铺段密实度测量数据 表8.16

序号	检测桩号	横距	压实度(%)				备注
			马歇尔	设计	理论	设计	
1	K38+365	距中1.5m	98.5	≥96	94.3	≥92	合格
2	K38+680	距中10.0m	98.7		94.5		合格

根据设计标准和质量技术指标，无人摊铺压实度、平整度、渗水系数均符合设计要求，说明无人摊铺效果良好。无人摊铺试验段的压实度、渗水系数优于传统摊铺段落压实度、渗水系数；此外，由于崇明生态大道无人摊铺试验段边口曾经出现过压实度不足的问题，此次试验段施工重点关注道路边口碾压状况，并作出了些许调整，根据检测数据可以看出此次边口压实度符合设计要求。

8.4 上海虹梅南路—金海路通道（虹梅南路段）

8.4.1 试验段概况

虹梅南路高架位于徐汇、闵行两区，北侧与中环上中路相连，南侧延伸至永德路并与虹梅南路越江隧道相连，全长约10.9km，因地理位置的优越性还被称为免费的沪金高速复线。全线高架道路采用城市快速路标准，将在上海南部的交通路网中起到分流作用，成为除莘庄立交、沪闵高架之外的又一条功能强大的西南入城通道，可以缓解闵行的交通拥堵。

8.4.2 施工过程控制

根据实验室压实试验的结果确定最佳压实温度。在实验室内，分别在压实温度140℃、160℃和180℃下制备透水沥青混合料试件，记录混合料CDI与压实温度实测值的关系，如图8.14所示。根据图中二次函数的拟合结果确定曲线极小值对应的最佳压实温度为162℃，这与SBS I-D改性沥青的最佳压实温度基本一致。参照SBS改性沥青混合料的压实温度，并兼顾透水沥青混合料空隙大、温度衰变快的特性，确定了透水沥青混合料的碾压温度。

第8章 典型工程实践

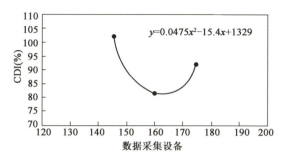

图 8.14　透水沥青混合料压实能量指数与压实温度关系曲线

人工压实的实际碾压温度与碾压遍数见表 8.17。初压采用 12t 以上钢轮压路机振压 3 遍,速度为 2～3km/h。复压采用 12t 以上钢轮压路机振压不少于 3 遍,速度为 3～4.5km/h。终压采用 10t 以上钢轮压路机静压 2 遍,碾压速度为 3～5km/h。摊铺与压实施工现场如图 8.15 所示。

压路机碾压遍数与碾压温度　　　　表 8.17

控制指标	摊铺	初压	复压	终压
温度(℃)	150～170	≥150	≥130	≥100
遍数	—	≥3	≥3	≥2

图 8.15　摊铺与压实施工现场

采用智能压实系统控制试验路段的路面压实过程,智能压实系统功能界面如图 8.16 所示。初压温度为 110～150℃;复压温度为 100～140℃,复压速度为 6km/h,道路中间位置的碾压遍数超过 3 遍,两侧薄弱环节不低于 2 遍;终压温度为 60～100℃,部分区域超过 100℃,碾压遍数不低于 2 遍。

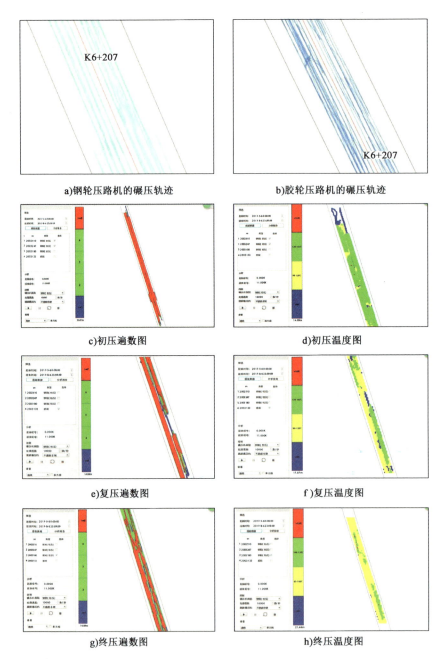

图 8.16 智能压实系统功能界面

8.5 小结

本章介绍了多个工程实践试验案例,从试验段概况、施工过程控制和应用效果三方面对案例进行了介绍。通过介绍可知,智能压实关键技术已成功应用于高速路、高架路以及城市主干道等多个领域。智能压实施工过程中协同使用到了多种智能管控系统,包括沥青拌和楼管控系统、运输管控系统、摊铺管控系统和碾压管控系统等。智能无人摊铺效果良好,路面的压实度、平整度、构造深度、渗水系数均符合设计要求。

参 考 文 献

[1] ABED M, ABED A. Effect of Compaction Methods on the Morphology of Aggregates in Hot Mix Asphalt [J]. IOP Conference Series: Materials Science and Engineering, 2020, 671:012119.

[2] AHIA H, FRIEMEL T, PETERSON P. Optimization of constructibility and resistance to traffic: A new design approach for HMA using the superpave compactor [J]. Journal of the Association of Asphalt Paving Technologists, 1998, 67:189-232.

[3] AL J. Air-void distribution analysis of asphalt mixture using discrete element method [J]. Journal of Materials in Civil Engineering, 2013, 25(10): 1375-1385.

[4] AL L. Analysis of factors effecting on densification characteristics of hot mix asphalt [J]. China Journal of Highway and Transport, 2001, 14(z1):31-34.

[5] ANDEREGG R, KAUFMANN K. Intelligent compaction with vibratory rollers: Feedback control systems in automatic compaction and compaction control [J]. Transportation Research Record, 2004, 1868(1):124-134.

[6] AZARI H, MCCUEN R, STUART K. Optimum Compaction Temperature for Modified Binders [J]. Journal of Transportation Engineering, 2003, 129(5):531-537.

[7] BUTTON E. Implications of Experimental Measurements and Analyses of the Internal Structure of Hot-Mix Asphalt [J]. Transportation Research Record, 2004, 1891:212-220.

[8] CAI H, KUCZEK T, DUNSTON P, et al. Correlating intelligent compaction data to in situ soil compaction quality measurements [J]. Journal of Construction Engineering and Management, 2017, 143:040170388.

[9] CHEN G, SCHAFER B, LIN Z, et al. Maximum scour depth based on magnetic field change in smart rocks for foundation stability evaluation of bridges [J]. Structural Health Monitoring:An International Journal, 2014, 14(1):86-99.

[10] CHEN J, HUANG B, SHU X, et al. DEM Simulation of Laboratory Compaction of Asphalt Mixtures Using an Open Source Code [J]. Journal of Materials in Civil Engineering, 2015, 27(3):04014130.

[11] CHEN J, SHU X. Air-void distribution analysis of asphalt mixture using discrete element method [J]. Journal of Materials in Civil Engineering, 2012, 25(10): 1375-1385.

[12] CHEN T, MA T, HUANG X, et al. Microstructure of synthetic composite interfaces and verification of mixing order in cold-recycled asphalt emulsion mixture [J]. Journal of Cleaner Production, 2020, 263:121467.

[13] CHEN Y, TANG F, LI Z, et al. Bridge scour monitoring using smart rocks based on magnetic field interference [J]. Smart Materials and Structures, 2018, 27(8): 085012.

[14] CONSUEGRA A, ENRIQUE A. Comparative evaluation of laboratory compaction devices based on their ability to produce mixtures with engineering properties similar to those produced in the field [J]. Transportation Research Record, 1989, 1228:80-87.

[15] DAN H, YANG D, LIU X, et al. Experimental investigation on dynamic response of asphalt pavement using SmartRock sensor under vibrating compaction loading [J]. Construction and Building Materials, 2020, 247:118592.

[16] DAN H, YANG D, ZHAO L, et al. Meso-scale study on compaction characteristics of asphalt mixtures in Superpave gyratory compaction using SmartRock sensors [J]. Construction and Building Materials, 2020, 262:120874.

[17] DING X, MA T, CHEN T, et al. Laboratory investigation of the recycled asphalt concrete with stable crumb rubber asphalt binder [J]. Construction and Building Materials, 2019, 203:552-557.

[18] ELSEIFI M, YANG S, et al. Validity of Asphalt Binder Film Thickness Concept in Hot-Mix Asphalt [J]. Transportation Research Record Journal of

the Transportation Research Board, 2008, 2057:37-45.

[19] GAO Y, QIAN Y, STOFFELS S M, et al. Characterization of railroad crosstie movements by numerical modeling and field investigation[J]. Construction & Building Materials, 2017, 131:542-551.

[20] GRINGARTEN E, DEUTSCH C. Teacher's aide variogram interpretation and modeling[J]. Mathematical Geology. 2001, 33:507-534.

[21] HARDING M, FUSSELL B, GULLISON M, et al. Design and Testing of a Debris Flow 'Smart Rock'[J]. Geotechnical Testing Journal, 2014, 37(5): 20130172.

[22] HU W, HUANG B, SHU X, et al. Laboratory evaluation of abrasion resistance of portland cement pervious concrete[J]. Journal of Materials in Civil Engineering, 2011, 23(5):697-702.

[23] HU W, HUANG B, SHU X. Characterizing viscoelastic properties of asphalt mixtures utilizing loaded wheel tester (LWT)[J]. Road Materials and Pavement Design, 2012, 13(S1):38-55.

[24] HU W, HUANG B, SHU X. Characterizing fatigue behavior of asphalt mixtures utilizing loaded wheel tester[J]. Journal of Materials in Civil Engineering, 2014, 26(1):152-159.

[25] HU W, HUANG B, SHU X, et al. Utilising intelligent compaction meter values to evaluate construction quality of asphalt pavement layers[J]. Road Materials and Pavement Design, 2017, 18(4):980-991.

[26] HU W, JIA X, HUANG B, et al. Evaluation of compactability of asphalt mixture utilizing asphalt vibratory compactor[J]. Construction and Building Materials, 2017, 139:419-429.

[27] HU W, JIA X, ZHU X. Influence of moisture content on intelligent soil compaction[J]. Automation in Construction, 2020, 113:103141.

[28] HU W, SHU X, HUANG B, et al. An examination of compaction meter value for asphalt pavement compaction evaluation[J]. International Journal of Pavement Engineering, 2018, 19(5):447-455.

[29] HU W, SHU X, HUANG B, et al. Field investigation of intelligent compaction

for hot mix asphalt resurfacing [J]. Frontiers of Structural and Civil Engineering, 2017,11(1):47-55.

[30] HU W, SHU X, JIA X. Geostatistical analysis of intelligent compaction measurements for asphalt pavement compaction[J]. Automation in Construction, 2018, 89:162-169.

[31] HUANG J, PEI J, LI Y, et al. Investigation on aggregate particles migration characteristics of porous asphalt concrete (PAC) during vibration compaction process [J]. Construction and Building Materials, 2020, 243:118153.

[32] JIANG S, ZHI Z, OU J. Slope internal large deformation monitoring using magnetic survey [J]. Rock and Soil Mechanics, 2013, 34(10):3033-3038.

[33] KIM H, WAGONER M, BUTTLAR W. Simulation of fracture behavior in asphalt concrete using a heterogeneous cohesive zone discrete element model [J]. Journal of Materials in Civil Engineering, 2008, 20(8):552-563.

[34] KUO C, FROST J. Uniformity Evaluation of Cohesionless Specimens Using Digital Image Analysis [J]. Journal of Geotechnical Engineering, 1996, 122 (5): 390-396.

[35] LEI G, NI F, CHARMOT S, et al. Influence on Compaction of Cold Recycled Mixes with Emulsions Using the Superpave Gyratory Compaction [J]. Journal of Materials in Civil Engineering, 2014, 26(11): 04014081.

[36] LEIVA F, WEST R. Analysis of Hot-Mix Asphalt Lab Compactability Using Lab Compaction Parameters and Mix Characteristics [J]. Transportation Research Record:Journal of the Transportation Research Board, 2008, 2057:89-98.

[37] LINDEN R. Effect of Compaction on Asphalt Concrete Performance [J]. Transportation Research Record, 1989, 1217: 20-28.

[38] LING J, LIN S, QIAN J. Continuous compaction control technology for granite residual subgrade compaction[J]. Journal of Materials in Civil Engineering, 2018, 30: 0401831612.

[39] LIU S, HAI H, TONG Q, et al. Comparative Evaluation of Particle Movement in a Ballast Track Structure Stabilized with Biaxial and Multiaxial

[40] LIU S, HUANG H, QIU T, et al. Effect of geogrid on railroad ballast particle movement [J]. Transportation Geotechnics, 2016: 110-122.

[41] LIU Y, DAI Q, You Z. Viscoelastic model for discrete element simulation of asphalt mixtures[J]. Journal of Engineering Mechanics, 2009, 4(324):324-333.

[42] MALLICK R. Use of Superpave Gyratory Compactor To Characterize Hot-Mix Asphalt [J]. Transportation Research Record, 1999, 1681: 86-96.

[43] MASAD E, MUHUNTHAN B, SHASHIDHAR N. Internal Structure Characterization of Asphalt Concrete Using Image Analysis [J]. Journal of Computing in Civil Engineering, 1999, 13(2):88-95.

[44] MINCHIN R, THOMAS H. Validation of vibrationbased onboard asphalt density measuring system [J]. Journal of Construction Engineering and Management, 2003, 129 (1): 1-7.

[45] OLEA R. A six-step practical approach to semivariogram modeling [J]. Stochastic Environmental Research and Risk Assessment, 2006, 20:307-318.

[46] POLACZYK P, HAN B, GONG H, et al. Influence of Aggregate Gradation on the Compactability of Asphalt Mixtures Utilizing Locking Point [J]. Journal of Materials in Civil Engineering, 2021, 33(3): 04021005.

[47] POLACZYK P, HUANG B, SHU X, et al. Investigation into Locking Point of Asphalt Mixtures Utilizing Superpave and Marshall Compactors [J]. Journal of Materials in Civil Engineering, 2019, 31(9): 04019188.

[48] POLACZYK P, SHU X, GONG H, et al. Influence of aggregates angularity on the locking point of asphalt mixtures [J]. Road Materials and Pavement Design, 2019, 20: 183-195.

[49] ROBERTS F, DJAKFAR L. Cost of pavement damage due to heavier loads on Louisiana highways: Preliminary assessment [J]. Transportation research record, 2000, 1732(1): 3-11.

[50] ROBERTS F, MOHAMMAD L, WANG L. History of hot mix asphalt mixture design in the United States [J]. Journal of Materials in Civil Engineering,

2002, 14(4): 279-293.

[51] ROQUE R, DOMINGUEZ G, ROMERO P. Effect of Asphalt Mixture Characteristics and Design on Frictional Resistance of Bituminous Wearing Course Mixtures [J]. Transportation Research Record, 1995, 1507: 39-50.

[52] SANTUCCI L, ALLEN D, COATS R. Effect of Compaction on Asphalt Concrete Performance [J]. Transportation Research Record, 1985, 1217: 20-28.

[53] SHASHIDHAR N. X-ray Tomography of Asphalt Concrete [J]. Transportation Research Record: Journal of the Transportation Research Board, 1999, 1681: 186-192.

[54] SHEN S. Characterize packing of aggregate particles for paving materials: particle size impact [J]. Construction and Building Materials, 2011, 25(3): 1362-1368.

[55] SIMPSON B, Tatsuoka F. Geotechnics: the next 60 years [J]. Geotechnique, 2008, 58(5), 357-368.

[56] TANG F, CHEN Y, LI Z, et al. Characterization and field validation of smart rocks for bridge scour monitoring [J]. Structural Health Monitoring, 2019, 18(5-6): 1669-1685.

[57] TASHMAN L, MASAD E, D'ANGELO J, et al. X-ray Tomography to Characterize Air Void Distribution in Superpave Gyratory Compacted Specimens [J]. International Journal of Pavement Engineering, 2002, 3(1): 19-28.

[58] TASHMAN L, MASAD E, PETERSON B, et al. Internal structure analysis of asphalt mixes to improve the simulation of superpave gyratory compaction to field conditions [J]. Maine Law Review, 2001, 61(1): 490-498.

[59] THOMPSON M, WHITE D. Field calibration and spatial analysis of compaction-monitoring technology measurements [J]. Transportation Research Record: Journal of the Transportation Research Board, 2007, 16(1): 69-79.

[60] TIMM D, VOLLER V, LEE E, et al. Calcool: A multi-layer Asphalt Pavement Cooling Tool for Temperature Prediction During Construction [J]. International Journal of Pavement Engineering, 2001, 2(3): 169-185.

[61] VENNAPUSA P, WHITE D, MORRIS M. Geostatistical analysis for spatially

referenced rollerintegrated compaction measurements [J]. Journal of Geotechnical and Geoenvironmental Engineering, 2010, 136(6): 813-822.

[62] WALUBITA L, ALVAREZ A, HU X, et al. Air void characterisation of HMA gyratory laboratory-moulded samples and field cores using X-ray computed tomography (X-ray CT) [J]. Journal of the South African Institution of Civil Engineering, 2012, 54(1):22-31.

[63] WANG X, REN J, HU X, et al. Determining Optimum Number of Gyrations for Porous Asphalt Mixtures Using Superpave Gyratory Compactor [J]. KSCE Journal of Civil Engineering, 2021, 25(6): 2010-2019.

[64] WANG X, SHEN S, HUANG H, et al. Characterization of particle movement in Superpave gyratory compactor at meso-scale using SmartRock sensors [J]. Construction and Building Materials, 2018, 175: 206-214.

[65] WANG X, SHEN S, HUANG H, et al. Towards smart compaction: Particle movement characteristics from laboratory to the field [J]. Construction and Building Materials, 2019, 218: 323-332.

[66] WHITE D, THOMPSON M. Relationships between in situ and roller-integrated compaction measurements for granular soils[J]. Journal of Geotechnical and Geoenvironmental Engineering, 2008, 134(12): 1763-1770.

[67] WHITE D, VENNAPUSA P, GIESELMAN H. Field assessment and specification review for rollerintegrated compaction monitoring technologies [J]. Advances in Civil Engineering, 2011, 2011: 1-15.

[68] XIAO F, AMIRKHANIAN S, PUTMAN B, et al. Feasibility of Superpave gyratory compaction of rubberized asphalt concrete mixtures containing reclaimed asphalt pavement [J]. Construction and Building Materials, 2012, 27(1):432-438.

[69] XIAO N, ZHANG, CHENG, et al. Numerical simulation of asphalt mixture based on three-dimensional heterogeneous specimen [J]. Journal of Central South University of Technology, 2011, 18(6): 2201-2206.

[70] XU Q, CHANG G. Evaluation of intelligent compaction for asphalt materials [J]. Automation Construction, 2013, 30: 104-112.

［71］YARUS J. Chambers. Practical geostatistics-an armchair overview for petroleum reservoir engineers［J］. Journal of Petroleum Technology, 2006, 58: 78-86.

［72］ZENG K, QIU T, BIAN X, et al. Identification of ballast condition using SmartRock and pattern recognition［J］. Construction and Building Materials, 2019, 221: 50-59.

［73］ZHAO Y, HUANG X. Design method and performance for large stone porous asphalt mixtures［J］. Journal of Wuhan University of Technology Material Science, 2010, 25(5): 871-876.

［74］ZHU J, MA T, DONG Z. Experimental study of high modulus asphalt mixture containing reclaimed asphalt pavement［J］. Journal of Cleaner Production, 2020, 263: 121447.

［75］ZHU X, BAI S, XUE G, et al. Assessment of compaction quality of multi-layer pavement structure based on intelligent compaction technology［J］. Construction and Building Materials, 2018, 161: 316-329.

［76］陈豫,李权威,范人杰,等.基于重交通压实标准Marshall击实方法的修正［J］.武汉理工大学学报(交通科学与工程版),2018,42(4):676-681.

［77］郭晓燕.保证机械摊铺沥青路面面层平整度的技术措施［J］.中原工学院学报,2006,17(2):71-74.

［78］蒋应军,李明杰,张俊杰,等.水泥稳定碎石强度影响因素［J］.长安大学学报:自然科学版,2010,30(4):1-7.

［79］李福普,沈金安.高等级公路沥青面层的压实［J］.公路,1988(1):16-19.

［80］李汉光,高英,余文斌.沥青混合料压实特性及沥青路面碾压遍数确定［J］.东南大学学报(自然科学版),2011,41(1):186-189.

［81］李宇峙,杨瑞华,邵腊庚,等.沥青混合料压实特性分析［J］.公路交通科技,2005,22(3):28-30.

［82］李智,陈思宇.基于虚拟抗压试验的沥青混合料质量均匀性评价方法研究［J］.土木工程学报,2015,48(S1):125-131.

［83］李智,徐伟,王绍怀,等.沥青混合料压实状态的数字图像分析［J］.岩土工程学报,2002,24(4):451-455.

[84] 梁春雨,陈志国,徐金声,等.SAC25沥青混合料的压实方法和压实特性研究[J].中外公路,2007,27(4):235-238.

[85] 马源,方周,韩涛,等.路基智能压实关键控制参数动态仿真及演变规律[J].中南大学学报(自然科学版),2021,52(7):2246-2257.

[86] 庞国强,苟桂枝.冲击压路机压实效果的有限元分析法[J].机械管理开发,2003(4):16-17.

[87] 沙爱民,王玲娟,耿超.大粒径碎石沥青混合料振动压实方法[J].长安大学学报(自然科学版),2008(2):5-8.

[88] 盛开通,梁汉成,杨志泉.关于高性能沥青路面(Superpave)设计方法的探讨[J].交通标准化,2008,12(187):24-28.

[89] 唐秀明.沥青混合料马歇尔设计方法与GTM设计方法的对比研究[J].公路,2009(3):66-69.

[90] 万成,张肖宁,贺玲凤,等.基于真实细观尺度的沥青混合料三维重构算法[J].中南大学学报(自然科学版),2012,43(7):2813-2820.

[91] 万成,张肖宁,王邵怀,等.基于X-CT技术的沥青混合料三维数值化试样重建[J].公路交通科技,2010,27(11):33-37.

[92] 汪海年,黄志涵,李磊,等.基于X-ray CT的沥青混合料三维重构方法[J].中国科技论文,2013,8(11):1115-1118.

[93] 王天林,蒋应军.沥青混合料试件振动成型方法[J].武汉理工大学学报:交通科学与工程版,2014,38(3):558-561.

[94] 吴文亮,李智,王端宜,等.基于不同成型方法的沥青混合料均匀性评价[J].筑路机械与施工机械化,2011,28(4):47-49.

[95] 袁迎捷,周进川,胡长顺.沥青混合料密实性能[J].交通运输工程学报,2001,1(3):42-45.

[96] 张肖宁.基于X-ray CT的沥青混合料计算机辅助设计技术的研究进展[J].交通科学与工程,2010(2):4-11.

[97] 张争奇,边秀奇,杜群乐,等.沥青混合料压实特性影响因素研究[J].武汉理工大学学报,2012,34(6):36-41.